MEN FATTA DÅ!

Jesper Juul

Men fatta då!

Tonåringar i familjen

Översättning Mia Ruthman

Jesper Juul

Men fatta då!

Tonåringar i familjen

Published by agreement with
Copenhagen Literary Agency ApS, Copenhagen 2019
Översättning: Mia Ruthman
Omslag: Peter Hjorthammar
Tryckt hos BoD
Boken utgiven av FamilyLab Sverige 2019
www.FamilyLab.se
www.Schillcoaching.se

Original title: Pubertät – wenn Erziehen nicht mehr geht.
Gelassen durch stürmische Zeiten
by Jesper Juul

ISBN: 978-91-985740-7-4

Innehåll

Förord

År 2009 fick jag möjlighet att förverkliga ett projekt som länge har stått på min önskelista. Projektet bestod i att samla tio vanliga tonårsfamiljer med vanliga konflikter och problem under ett veckoslut och att genomföra ungefär en timmes rådgivande samtal med varje familj och med de övriga som åhörare. Dessa tio samtal utgör kärnan i den här boken.

Bakgrunden till min önskan var att jag ofta har blivit irriterad och ibland också förargad på hur vi i vår kultur förhåller oss till tonåringar, nämligen som särskilt problematiska barn och ungdomar vars oskyldiga föräldrar måste söka sin tillflykt till källaren medan kriget rasar.

Jag tycker att det är provocerande att denna åldersgrupp problematiseras bara för att de gör det de har kommit till världen för att göra – bli självständiga, ansvarsfulla och starka medlemmar i samhället och i sina nuvarande och blivande familjer.

En mamma från en familj som jag hade några samtal med för ett antal år sedan ringde mig nyligen för att berätta att familjen befann sig i kris på grund av den numera femtonåriga dotterns uppträdande. Det hör till historien att familjen under några år kämpade för att hantera hennes storebror som var lite för tuff, till och med för dessa förträffliga, flexibla och reflekterande föräldrar. När man har en sådan storebror lär man sig att hålla en låg profil – att vara oproblematisk.

Det hör också till historien att denna unga kvinna redan då

hon var tolv år gammal gick till sina föräldrar och önskade sig en piercing i näsan. Efter ett halvårs diskussioner kom man fram till en kompromiss, nämligen att hon med föräldrarnas samtycke skulle få en piercing i naveln när hon fyllde femton. På så sätt tog man både hänsyn till dotterns önskan och till föräldrarnas absoluta motvilja. På femtonårsdagen fick hon sedan sin piercing!

Nu, ett halvår senare, går hon i en så kallad fortsättningsskola, och föräldrarna har lyckats ta sig samman och rest bort i fyra dagar i full förvissning om att allt är i sin ordning. När de kommer hem upptäcker de att dottern har slutat skolan som hon inte trivs på och i stället varit hemma i föräldrarnas bortavaro. Hon har tydligen inte varit ensam hemma, och, vad värre är – hon har skaffat sig en ny piercing, som enligt mammans beskrivning är »en stor spik tvärs igenom ansiktet«.

»Vi har försökt allt«, berättade mamman, »inklusive hot och löften, men nu befinner vi oss mitt i en hopplös maktkamp. Vad ska vi göra när hon bara står där mitt framför oss, ser oss rakt in i ögonen och talar om att »'ni kan säga vad ni vill ... jag tänker behålla den!!!'«

Mitt svar var att föräldrarna skulle dela på minst en flaska champagne för att fira att de lyckats så fantastiskt bra med sitt föräldraskap.

Mamman var inte särskilt entusiastisk till en början, men gav mig ändå möjlighet att motivera mitt förslag. Jag sa att jag tyckte att:

- hon hade utvecklats till en urstark ung kvinna som vet vad hon vill och som varken låter sig lockas eller hotas – inte ens av de människor hon tycker mest om i hela världen. Denna styrka kommer hon att få stor användning för som människa och inte minst som en ung kvinna som är dömd att bli utsatt för mängder av manipulations- och övertalningsförsök, hot och löften.

- hon, trots att hon har vuxit upp i en familj med två vältaliga, förnuftiga och rättrådiga föräldrar, gjort sig vuxen med dessa båda handlingar, då hennes personliga integritet är viktigare för henne än att omgivningen accepterar hennes val. De allra flesta fyrtiofemåringar har fortfarande inte kommit så långt.

Båda dessa kvaliteter är bland annat en följd av föräldrarnas helhjärtade insatser som vårdnadshavare, vägledare och uppfostrare, och det kan de med gott samvete fira och ta åt sig sin del av äran för. Det är mycket bättre för alla parter och för kvaliteten på deras framtida relation med varandra än den vanliga tendensen till dåligt samvete, skuldkänsla och ständig oro.

Föräldrar kan inte *göra* sina barn vuxna. Det måste de själva klara av. I regel gör de detta vid en tidpunkt och på ett sätt som berör oss djupt – känslomässigt, värderingsmässigt eller existentiellt. De skakar om oss vid en tidpunkt då många av oss behöver bli omskakade och då vi behöver hitta nya sätt att förhålla oss till resten av livet på.

Under tiden finns uppenbarligen ett behov bland föräldrar till tonåringar att finna en ny roll. En roll som varken är eller liknar uppfostran, men där föräldrarna kan få utlopp för sin omsorg och sin ansvarskänsla. Jag har kallat den nya rollen för »sparringpartner«, och med lite träning har den visat sig vara ett mycket konstruktivt alternativ till både maktkamp och resignation.

Jesper Juul

Från uppfostran till relation

Tonårsföräldrars stegvisa förändringsprocess

Man kallar mig gärna uppfostringsexpert, och jag måste därför betona att det är jag absolut inte. Enligt min mening finns det inga experter på uppfostran. Det finns kanske experter på fysisk eller språklig utveckling, på hjärnforskning och så vidare – men inte på uppfostran. När det gäller uppfostran finns det inte bara *ett* enda sätt som är det rätta. Jag vet inte hur man gör det på rätt sätt. I Danmark tror föräldrar till exempel att barn ska ha fasta läggningstider. Men kommer man söder om Alperna upptäcker man att människor i Italien och Spanien har en annan uppfattning. Det jag vet någonting om är vad man kan göra om man inte känner sig nöjd, om man blir arg, ledsen eller irriterad. Det vet jag en hel del om.

Som föräldrar vill vi gärna överföra våra värderingar, åsikter och föreställningar till våra barn. Och våra barn spelar med, de samarbetar. Tills puberteten börjar. Då upphör detta – successivt eller helt plötsligt.

När barn kommer upp i tolvårsåldern är det för sent att uppfostra dem. Det säger barnen till oss också, men vi hör det oftast inte. I början uttrycker de sig mycket diplomatiskt, men om vi inte förstår dem blir de tvungna att tala högre – ibland mycket högre. Eller också använder de kroppsspråk.

Det så kallade problemet eller symtomet är inte så viktigt. Det som är viktigt är den person som har symtomet. Vi kan inte lösa problemet, men vi kan ge människor stöd i att förvandla system, perspektiv och beteenden så att de från att vara destruktiva blir konstruktiva.

Puberteten är ett faktum, ingen sjukdom

Vi har ofta mycket få verkliga problem i våra liv. Men det finns en hel del fakta som vi kan förhålla oss till på ett mer eller mindre problematiskt sätt. Puberteten är ett sådant faktum.

Vad är familj? Familj är relationer. Det som är gemensamt för alla de många olika familjeformer som finns – storfamiljer, kärnfamiljer, regnbågsfamiljer, ensamstående mammor och pappor, bonusfamiljer – är relationerna mellan de olika medlemmarna. Det viktigaste är det som sker mellan människorna. När vi talar om vad som är rätt och vad som är fel, vad man gör och vad man inte gör – alltså, när vi talar om moraliska frågor talar vi om *innehållet*. Vad är det för konflikt vi har? Hur ser problemet ut? Vilka regler ska vi ha? Vad är lösningen? De frågor som gäller innehållet är viktiga, men ännu viktigare än innehållet är *processen*.

Och den allra viktigaste frågan är inte *vad* utan *hur*.

Mamman till en treårig flicka skriver till mig att hon inte vet vad hon ska göra längre. »Varje morgon måste vi gå hemifrån en viss tid. Min dotter ska till förskolan och jag ska till jobbet. Det blir svårare och svårare. För en tid sedan började jag använda mig av följande trick: jag lade en påse vingumminallar i bilen och sa till min dotter: »'Om du kommer nu får du vingumminallar.'« Det fungerade i tre dagar. Nu står min dotter i dörren och säger: »'Jag vill inte ha vingumminallar. Jag vill ha någonting annat. Någonting bättre.'«

Det är inte svårt att föreställa sig hur det kommer att gå de närmaste två veckorna. Man kan nu fråga sig själv: är vingumminallar farliga för barn? Nej, det är de naturligtvis inte. Är det farligt att manipulera sitt barn med hot och löften? Ja, det kan vara farligt. Frågan är: varför gör jag det? Svaret är: för att jag inte vet vad jag ska göra annars. Det är viktigt att ställa sig frågan varför: Varför gör jag det?

Innehållet (»Är det bra eller dåligt med vingumminallar?«) är alltså inte så avgörande, utan det som är viktigare är själva processen. Inte: *Vad* talar eller grälar vi om? Utan: *Hur* kommunicerar vi? Hur ser vår relation ut?

Vilken typ av ansvar klarar barn och tonåringar av?

Jag tycker inte om begreppet »ungdomar i puberteten«. Varför ska ungdomar karakteriseras utifrån sina hormoner? Nästan varje dag träffar jag i olika utbildningssammanhang människor som arbetar med barnuppfostran, och jag hör hur de i pauserna talar om sina egna barn. De frågar kanske: »Hur gammal är din son?« Och om svaret blir: »Fjorton«, heter det: »Ja, då har du det jobbigt.« Eller om svaret blir: »Elva«, heter det: »Herregud, då börjar det snart.« Som om det var ungen i sig som var problemet eller orsaken till det. När ungdomar bara gör det de ska göra: växer.

När jag arbetar med familjer talar vi inte om orsaker. Vi talar inte om skuld. Vi talar hellre om den *process* som pågår i familjen, och vad man kan göra för att underlätta den. I varje familj, i varje relation finns element som är destruktiva och element som är konstruktiva. Dessa kan man identifiera, för att sedan gemensamt försöka förändra de destruktiva processerna.

För några år sedan gjorde jag en enkätundersökning med ettusen blivande föräldrar. Jag bad dem se ett par år framåt i tiden och fråga sig själva vad de helst skulle vilja ha uppnått med sin uppfostran när deras barn var i fjorton–femtonårsåldern. Vad var viktigt för dem?

Bland svaren låg ansvarsfullhet alltid på första eller andra plats på en lista med tio alternativ. Därefter bad jag deltagarna ge mig ett exempel på vad de menade med ansvarsfullhet. Det förekom ofta att vederbörandes partner hade en helt annan föreställning om vad ansvarsfullhet är. Så frågan är: vad menar vi egentligen med ansvarsfullhet?

Om jag jämför världen som den var då jag var i fjorton–femtonårsåldern med världen av i dag skulle man kunna tro att man befann sig på en annan planet. Kraven och utmaningarna ser helt annorlunda ut nu. Dåtidens föräldrar ställde bara ett krav på min generation: man skulle lyda. Det fanns två saker som ansågs särskilt farliga: sex och alkohol. Verkligheten har ändrat sig mycket sedan dess. Blind lydnad är inte längre gångbart. Varje dag måste vi fatta många personliga beslut. Men det var ingenting jag förbereddes på i den uppfostran jag fick, varken hemma eller i skolan.

Vad innebär det att ta ansvar för sig själv? Jag ska ta ansvar för vad jag säger och vad jag gör. Barn kan mycket tidigt ta ansvar för sig själva. Det är inte svårt för dem utifrån deras (biologiska) förutsättningar. Barn kan till exempel från att de är ungefär fem år gamla ta ansvar för sin egen nattsömn: att gå och lägga sig, att stiga upp. Men det ligger inte i vår tradition. Vi är snarare vana vid att vi ska väcka femåringar fem gånger och femtonåringar femton gånger. Vi tror att det är nödvändigt.

Vuxna övertar traditionellt sett ansvaret på många områden. »Mamma och pappa vet vad du behöver och vad som är bra för dig.« När barnet ska gå och lägga sig – »Du måste vara trött, klockan är redan halv tio«. När barnet ska äta – »Nej, du kan inte vara hungrig nu, du åt ju för en timme sedan«. Eller om barnet är törstigt eller inte. Men under de senaste årtiondena har barn fått mer att säga till om än barn i tidigare generationer. Många kan i dag själva bestämma hur de vill gå klädda eller vad de vill leka med. Som barn kan man i dag ha sin egen åsikt – och om man har tur lyssnar föräldrarna också på en. I dag diskuterar man i många familjer saker som man i min ungdom överhuvudtaget inte kunde diskutera. Då hette det: »Det går inte. Du får inte göra det. Och därmed basta.«

Vad kan barn och ungdomar själva ta ansvar för och vad kan de inte ta ansvar för? För oss som föräldrar är det svårt att ständigt behöva besvara den frågan och till och med förklara varför vi besvarar frågan som vi gör. När jag till exempel funderar på om min trettonårige son själv kan ta ansvar för sitt val av vänner, vad handlar det då om för mig? Handlar det verkligen enbart om barnets val? Om bilden av mig i familjen, bland grannarna, i skolan?

Det finns inga enkla, tydliga svar på vad barn själva kan och inte kan ta ansvar för. Det finns inga recept eller regler som alltid är rätt. Men en sak är säker: den som i dag är tretton eller fjorton år alternativt tjugofem eller fyrtio år och lever i den här världen måste kunna ta ansvar för sig själv. Det finns bara två möjligheter: antingen tar jag ansvar för mig själv eller också är jag ett offer – någon annan bär skulden.

Konsekvenser och eget ansvar

Under de senaste tvåhundra åren har föräldrar beklagat sig över att ungdomar i fjorton–femtonårsåldern inte vill tänka på konsekvenserna. Ungdomar vill cykla eller köra moped utan hjälm. Mamman säger: »Du kan dö i en olycka!«, och den unge säger: »Nej, det gör jag inte.« I dessa fall säger föräldrarna ofta: »Åh, han gör uppror.« Men den senaste hjärnforskningen visar att den här reaktionen inte har med uppror att göra. Det handlar i mycket högre grad om att den del av hjärnan som ser konsekvenser inte fungerar. Unga människor kan inte se konsekvenserna. Neurobiologerna anser att detta gäller för omkring åttiofem procent av alla unga. Det är ett biologiskt faktum att kopplingarna i hjärnan inte fungerar under den här perioden. Det är ett biologiskt faktum som man inte ska ta personligt. Det gamla skämtet om att ungdomar borde gå runt med en skylt där det står »Stängt på grund av ombyggnad« är inte alls så dumt. Uppenbart är att de inte *vill* lyssna när vi försöker förklara detta för dem. Det betyder alltså att vi som föräldrar tvingas härbärgera en hel del oro och bekymmer. Men detta är inte riktat mot oss personligen.

När vi talar om temat eget ansvar är det viktigt att se att det finns två olika nivåer. Det är det egna ansvaret gentemot min familj: hur ska jag bidra till det gemensamma? Och så är det det egna ansvaret gentemot mig själv. Man blandar ofta ihop dessa två nivåer. Föräldrarna övertar ofta det personliga ansvar som barnen ska ta för sig själva. Som motprestation vill de då att barnen tar mer ansvar för det gemensamma. Sådant går ofta snett. »Valutan« är inte densamma.

Dessa tankar hos en pappa är lärorika: »Att ta eget ansvar är att förstå och ta konsekvenserna för ens egna handlingar. Samtidigt kan man säga att det är ett neurobiologiskt faktum att ungdomar i den åldern av biologiska skäl inte förmår inse följderna av sina handlingar och ta ansvar för dem. Därför krävs det av oss föräldrar att vi förutser de eventuella konsekvenserna och ingriper. Det är exakt den konflikt vi hamnar i till slut – en återvändsgränd, eftersom vi har olika perspektiv. För den unga är det inte alls så lätt att förstå när föräldrarna utmålar konsekvenserna, eftersom hon eller han inte ser dem. Vi talar hela tiden förbi varandra.«

Det skulle naturligtvis vara skönt om ungdomarna en dag kom hem till sina föräldrar och sa: »Hör ni, jag har lagt märke till att en del av min hjärna inte längre fungerar. Skulle ni vilja vara snälla och bestämma allt åt mig nästa år? Och sedan, när det har gått över, kommer jag tillbaka och hämtar min beslutsförmåga.«

Jag använder gärna begreppet sparringpartner. En sparringpartner ger maximalt motstånd och åstadkommer minimal skada. Det är väldigt viktigt för den unge att veta: vad tycker min pappa? Vad tycker min mamma? Nittionio procent av de unga tar sina föräldrars synpunkter på största allvar, förutsatt att föräldrarna under familjens första år har visat sig någorlunda kompetenta. Men det finns knappast några tonåringar som öppet erkänner för sina föräldrar vad de tänker. Så när pappan säger: »Jag kan inte gå med på det du har tänkt göra. Absolut inte!« Då säger den unga människan inte: »Hm, när jag tänker närmare efter har du faktiskt rätt, pappa. Tack.« Ungdomar vill inte tappa ansiktet. Men det betyder inte att det föräldrarna säger inte påverkar dem. Det avgörande är hur förhållandet till min son eller dotter har varit de första tretton åren. Det är som i verkliga livet – den perfekta lösningen finns inte. Det går inte att lösa allt, man kan bara leva. I de brev och samtal som kommer att återges i den här boken ser vi hur man kanske skulle kunna förändra formerna för hur man är tillsammans, så att det känns bättre för de vuxna. Och när det blir bättre för de vuxna blir det också automatiskt bättre för tonåringarna.

Föräldrarnas ansvar för de egna handlingarna och bristen på konsensus i samhället

I dag finns knappast någon samhällelig konsensus kvar. Vad som är rätt eller fel har grannar och klasskamraters föräldrar vitt skilda åsikter om. Vi måste som föräldrar ta ansvar för våra värderingar, önskningar och åsikter. Processen att hitta meningsfulla svar är ansträngande och besvärlig – för alla, inte bara för föräldrar. Vi har ofta svårt att tro på oss själva, men det är också svårt för oss att tro på våra barn.

I förhållandet mellan föräldrar och tonåringar uppstår emellertid nya ambitioner. Vi vill gärna utveckla en annan relation till våra halvvuxna barn än de flesta av oss hade eller har med våra egna föräldrar. Många föräldrar vill gärna bygga upp ett slags vuxenvänskap. Vad ska vi använda den till? Även här måste vi lära oss att ta ansvar tillsammans med barnen. Jag kan naturligtvis fortfarande spela mamma eller pappa, ta på mig en viss roll. Men då blir det ingen kontakt. Om jag har tur får jag snabbt barnbarn och kan spela samma roll. Men normalt sett vill ingen av oss få barnbarn när våra egna barn bara är sjutton eller nitton år gamla.

Hur kan vi göra det på rätt sätt? Det kan vi inte. Det finns ingenting som är rätt. Men vi kan bestämma oss för vad vi vill. Och så kan vi försöka följa den vägen. Vi kan också fråga oss själva: vill jag älska mina barn eller vill jag vara älskad av mina barn? Båda delarna är inte möjliga samtidigt.

Njut av dina barn!

Uppfostran som uteslutande bygger på föreställningar om att vi har olika roller har inget syfte. Om man filmar föräldrar i deras dagliga kommunikation med sina barn blir föräldrarna ofta förfärade när de ser filmen. »Pratar jag verkligen på det där sättet?« De upptäcker att de i oerhört hög grad kommunicerar med sina barn på samma sätt som deras egna föräldrar kommunicerade med dem när de var barn. Men att förändra sitt språkbruk tycks vara väldigt svårt.

Om vi talar med våra barn med »föräldrauniformen« på eller använder »mammarösten« går det vi säger in genom det ena örat och ut genom det andra. Den typen av uppfostran kommer vi uppenbarligen inte särskilt långt med. Detta vet de flesta föräldrar, och det är någonting de beklagar. Men det är inte alldeles självklart vad som fungerar när det gäller uppfostran. Det är inte så lätt att genast se vad det handlar om. Det handlar om hur vi som föräldrar umgås med varandra, hur vi umgås med andra, det handlar om den process vi som familj har gemensamt. Det är det som fostrar barnen.

När barnen kommer in i puberteten ser vi vad vi har skapat gemensamt. Vi har kommit hit tillsammans. Vi föräldrar har suttit i förarsätet och barnen har samarbetat. Är vi nöjda med resultatet? Vid den här tidpunkten är de flesta föräldrar dessvarit inte nöjda, och de startar då ett slags turbouppfostran för att göra rätt i sista ögonblicket. Det är inte bara förfärligt, det är också oförskämt. Och helt ineffektivt. Föräldrarna frågar då: vad ska vi göra i stället? Vi kan ju inte bara sitta där och inte göra någonting när vi ser att våra barn gör saker som vi inte tycker om.

Ett förslag: sätt er ner en kväll, kanske i en halvtimme eller timme, se på era barn och njut av dem. »Det här är min trettonårige son eller min femtonåriga dotter ... Nu har vi tillbringat si och så många år tillsammans. Nu har han eller hon blivit si och så gammal – vi har faktiskt gjort det väldigt bra.«

Ofta protesterar föräldrarna: »Ja, men så bra har det ju inte gått. Om du såg min son ...« På det kan jag bara svara att om ni söker perfektion, ställ er då ett par minuter framför spegeln och se på er själva. Det borde faktiskt vara tillräckligt för att kunna säga adjö till föreställningen om »perfektion«. Jag anser att detta är en viktig grundövning: se på era tonåringar och notera var någonstans ert fokus ligger. Noterar ni det som är bra eller noterar ni först och främst det som saknas, det som inte är så bra?

Vid den tidpunkt då barnen är omkring femton år gamla har de flesta par redan kommit över den fas då de klamrar sig fast vid föreställningen om hur en partner ska vara och hur man skulle kunna förändra den andre. Ofta upplever vi under den första tiden efter förälskelsen en fas då vi hoppas att vi kan skicka partnern på reparation och få tillbaka honom eller henne i perfekt skick. Vid någon tidpunkt förstår vi att det inte går. Det är inte annorlunda med barn. Det som våra barn behöver som tonåringar är egentligen bara att veta att det finns en eller två människor i världen som verkligen tycker att de är okej. Men det ligger inte i vår tradition som föräldrar. Vi förhåller oss till våra barn snarare som en lärare som sätter röda bockar, och det gagnar ingen.

Kommunikationsproblem: tala från hjärtat och använd huvudet

I många – kanske de flesta – tonårsfamiljer jag har mött under årens lopp beklagar sig bägge parter över »kommunikationsproblem«. Med det menar de att de inte kan tala med varandra på ett sådant sätt att de känner sig sedda, lyssnade på och förstådda. Det gäller såväl barn som föräldrar, och det är också det som de flesta par som söker rådgivning eller terapi beklagar sig över.

Det finns många historiska orsaker till detta, och jag kommer inte att fördjupa mig i ämnet, men jag vill göra dig som läser uppmärksam på följande:

- Verbal kommunikation mellan föräldrar och barn består traditionellt sett i att föräldrarna ställer frågor till eller »intervjuar« barnen, som upp till en viss ålder försöker svara förnuftigt.

- När föräldrar vill »tala allvar« med sina barn blir det ofta en förklarande eller undervisande monolog.

- Den demokratiska utvecklingen i familjen och samhället har medfört att vi har blivit bättre på att diskutera och förhandla. Båda delarna är viktiga, men de går ut på att vinna och inte på att förbättra relationerna mellan människor.

- Föräldrar, pedagoger och lärare tar i det stora hela avstånd från barnets personliga språk och betonar förmågan att »tala fint«. Pedagogiskt är detta i bästa fall överflödigt och absolut skadligt såväl för barns psykiska utveckling som för deras förmåga att ingå i nära relationer.

Det personliga språket kontra det »fina« språket

Det artiga, »fina« språket kommer till uttryck i sociala relationer. Men barnen kan bara utveckla och bevara ett personligt språk om de vuxna i omgivningen också använder ett personligt språk och direkt uppmanar sina barn att göra detsamma.

Det personliga språkets lilla tabell lyder:

Jag vill – jag vill inte
Jag tycker om det – jag tycker inte om det
Jag vill ha – jag vill inte ha

En person i min familj gifte in sig i bättre kretsar, och jag fick tidigt höra att man inte säger: »Jag tycker inte om lök«, utan: »Jag tål inte lök«. Det är kanske en hjälp om man vill kunna föra sig i de fina salongerna, men samtidigt innebär en sådan korrigering att det personliga språket inte duger.

Det personliga språket uttrycker en människas känslor och tankar i förhållande till en annan människa i ett visst ögonblick. Det äger personlig substans och »kropp« och är därför varmare än det som bara kommer från huvudet. Det finns en *autentisk* kvalitet i det personliga språket. Samtidigt är det klokt att ge språket en form som även tar hänsyn till samtalspartnern – framför allt om man älskar den människan och/eller har makt över henne. Det personliga språket handlar alltid om den som talar, och det är därför aldrig vare sig kritiskt eller undervisande.

Väldigt ofta, speciellt under de första åren av ett kärleks- eller vänskapsförhållande, behöver vi leta länge och pröva oss fram innan vi hittar ett personligt uttryck, eftersom det hela tiden utvecklas i en process som präglas av ömsesidighet och tillit. Men även de mindre lyckade experimenten är mer värdefulla för en relation än de floskler vi kommer med för att vi tror att de hör till rollen.

Jag har ingenting emot att föräldrar *också* lägger vikt vid att lära sina barn ett socialt språk. Men jag tycker inte alls om att föräldrar berövar både sig själva och sina barn möjligheten att utveckla ett personligt språk. Det hindrar bägge parter från att bygga upp nära relationer till vänner, partner, barn och föräldrar, där de i första hand kan känna sig sedda, lyssnade på och tagna på allvar.

Motsatsen till »fint« språk är »fult« språk, och det är förståeligt att de flesta föräldrar inte tycker om att deras barn använder ett sådant. Alternativet består i ett personligt uttryck. Många föräldrar är förtvivlade över det grova språk som deras barn använder mot dem, eftersom de anser att barnen har »valt« att uttrycka sig på detta sätt. Men när dessa uttryckssätt kolliderar är det alltid föräldrarna som har börjat, även när de själva inte förstår det. De vill säga någonting personligt till sina barn, men uttrycker sig samtidigt »korrekt«, »förnuftigt« eller »politiskt korrekt«. Kritiken, förebråelserna och undervisningen lyser fram mellan raderna – och det låter i barnens öron rått och opolerat.

Problemet med det »fina« språket är att det är fullkomligt värdelöst till att lösa personliga och interpersonella konflikter med. Om man ändå försöker kommer den välkända klagolåten: »Vi har sagt det femtioelva gånger, men du lyssnar ju inte alls!« Samma konflikter som föräldrarna har med varandra upprepas i förhållande till barnen. Resultatet är att »konfliktprat« ofta inte står så högt i kurs, och det med rätta. När man talar med varandra utan att säga någonting slösar man bara bort tiden. (Så länge det inte rör sig om social konversation, då det handlar om att hålla distans och att visa upp sina goda manér.)

Dialog i stället för konfliktprat: ett exempel

Som alternativ till lönlöst konfliktprat finns alltså den personliga och sakliga dialogen. Nyckelordet är *dialog* – en samtalsform som i grunden skiljer sig från diskussion, argumentation, debatt och, naturligtvis, monolog. (Två monologer som utspelar sig på samma plats samtidigt är *inte* en dialog.) Man kan lägga fram sina funderingar, åsikter och erfarenheter, men man bör vara inställd på att få nya insikter genom dialogen. Man måste med andra ord utsätta sig för risken att bli klokare.

Ett exempel: Mohammed är tretton år och tycks ha tappat allt intresse för att gå i skolan. Trots flera samtal med hans lärare förstår föräldrarna fortfarande inte varför, eller hur deras son mår. De har därför bestämt sig för att ha en ordentlig pratstund med honom.

PAPPA: Jag har lagt märke till att du sedan en tid tillbaka inte har tyckt lika mycket om att gå till skolan som förut, och jag undrar hur det kommer sig – om du vet det.

MOHAMMED: Jag vet inte … Jag har bara inte lust. Lärarna irriterar mig.

PAPPA: Hur då?

MOHAMMED: Jag vet inte … de är så tomma i huvudet, så … likgiltiga.

MAMMA: Vad menar du med det? Struntar de i sitt arbete eller struntar de i er?

MOHAMMED: I oss. Vi ska bara göra som de säger och de hjälper oss inte ens. Varför ska man överhuvudtaget då gå i skolan?

PAPPA: Jag förstår inte riktigt hur du menar. Kan du ge oss ett exempel på när lärarna struntar i er?

MOHAMMED: Ja, alltså ... jag vet inte riktigt. Det är väl inte så viktigt. Är vi inte färdiga nu?

PAPPA: Nej, det är vi inte. Jag tycker det är tråkigt att du inte tycker om skolan och jag vill gärna veta varför. Kan du inte ge oss ett exempel?

MOHAMMED: Okej, alltså sista veckan som vi hade matematik var det nåt som jag inte förstod, men hon struntade totalt i det.

MAMMA: Sa du det till henne?

MOHAMMED: Nej, det kan man inte göra. Då blir hon bara jättesur och då blir allting ännu värre. En gång sa hon till Mattias att han var dum för att han inte förstod vad hon menade.

PAPPA: Har hon sagt till dig också att du är dum?

MOHAMMED: Ja, men inte lika ofta som till Mattias.

PAPPA (TILL MAMMA): Jag blir så arg när jag hör sånt. Det är precis som när vi gick i skolan. Ska det aldrig bli bättre?

MAMMA: Uppenbarligen inte. Men nu förstår jag bättre varför du inte har lust att gå till skolan längre, Mohammed. Det gör ont att få höra att man är dum när man vet att det inte är så. Är det någonting vi kan göra för dig? Ska vi prata med läraren?

MOHAMMED: Nej, aldrig i livet. Då blir det bara ännu värre.

MAMMA: Men jag blir så ledsen när jag tänker på att du har gått omkring med det här alldeles ensam. Du är min son och ingen ska säga att du är dum. Det tillåter jag bara inte.

MOHAMMED: Får jag gå nu? Jag ska träffa Mattias.

PAPPA: Ja, det är klart. Tack för hjälpen. Jag hoppas du kommer på hur du ska hantera det. Säg till om du behöver hjälp.

I den här dialogen blev båda parter klokare. Föräldrarna lärde sig någonting viktigt om sin sons liv och hans sätt att reagera, och Mohammed har ännu en gång insett att han kan räkna med sina föräldrar – även om de inte kan göra någonting. Om föräldrarna till exempel hade sagt: »Ibland lyssnar du faktiskt inte, Mohammed – inte heller när *vi* säger någonting. Kanske har din lärare rätt. Kanske behöver du bara anstränga dig lite mer. Du vet ju hur viktigt det är att skaffa sig en bra utbildning« – då hade Mohammed efter samtalet varit precis lika ensam som förut. Och han hade fått ytterligare bevis på att man inte kan prata med vuxna.

Efter samtalet med föräldrarna är Mohammed fortfarande ensam i förhållande till sin lärare, men hans föräldrar förstår hans ensamhet och erkänner den, och det ger alltid bägge parter – vuxna såväl som barn – ny energi.

Är gränser nödvändiga? Att lyda regler och att överträda dem

Sedan jag var barn har världen otvivelaktigt blivit en farligare plats att vistas i, och för varje nytt fenomen som uppstår växer behovet av att »sätta gränser«, som vi felaktigt kallar det när vi i själva verket »ställer upp regler«.

Låt mig därför säga några ord om vad regler kan användas till och vad de inte kan användas till.

Varje familj behöver ha vissa regler för att underlätta de mellanmänskliga och sociala processerna i familjen. Vilka de är beror helt och hållet på föräldrarnas livsinställning, värderingar och erfarenheter. Naturligtvis kan man formulera tio allmängiltiga regler för att kunna leva tillsammans i en familj, men det skulle vara ointressant eftersom reglerna måste avspegla varje föräldrapars övertygelse.

Regler som förmedlas på ett klokt sätt – alltså vare sig med ett höjt pekfinger eller med övervakning och straff – tjänar såväl gemenskapen som de enskilda familjemedlemmarna. Det gäller framför allt barnets första tio till tolv levnadsår. Den umgängesform och de förhållningssätt som föräldrarna har under dessa år får ett avgörande inflytande på hur barnen senare i livet förhåller sig till regler i allmänhet. Om tonen exempelvis var för skarp och kommenderande skapar det förmodligen »kriminella« ungdomar. Med det menar jag inte att ungdomarna automatiskt blir förbrytare och hamnar i fängelse, utan att de kommer att lägga ner mycket energi på att protestera mot föräldrarnas regler och på så sätt lära sig konsten att ljuga på ett övertygande sätt. Å andra sidan kan en likgiltig och försumlig föräldrainställning ge barnen känslan av att föräldrarna struntar i dem.

Föräldrar tvingas alltså till en svår balansgång som bara kan lyckas om de bevarar en öppen dialog med sina barn. Jämvikten måste hela tiden justeras, så att de problem och konflikter som reglerna är till för att förebygga inte ska ta överhanden. Om föräldrarna fram till puberteten inte har lärt sig att »uppfostran« är en ömsesidig läroprocess kommer de senast vid den tidpunkten att lära sig det, eller så kommer de att få betala priset för tidigare års monologer.

Det är ingen konst att formulera regler: maximalt två timmars internet om dagen, hemkomst klockan 21 på vardagar och klockan 22 på lördagar, städa rummet, ingen alkohol förrän du är arton och så vidare. Det kan alla göra. Det avgörande är hur föräldrarna reagerar när dessa regler inte hålls. Men låt oss börja från början.

En jämbördig dialog om reglerna i puberteten

Vi föreställer oss att barnet är på väg in i puberteten. Föräldrarna tänker på alla de eventuella faror som hotar framöver, och vad de kan eller bör göra när det gäller dessa. Vid den tidpunkten är det en god idé att bjuda den unga människan på en pizza och säga ungefär så här:

»Nu när du har blivit äldre är det viktigt för oss att vi kommer överens om några fasta regler. Det handlar om hur du umgås med dina vänner, om när du ska vara hemma på kvällarna, om skola, alkohol, fester, internet och så vidare. Vi mejlar våra förslag till dig så kan du i lugn och ro tänka igenom dina egna. Sedan kan vi komma överens om de olika punkterna. Vi förstår att reglerna inte kan gälla för sju år framåt, så vi får väl träffas över en pizza då och då för att se om de fungerar. Är det okej för dig?« Detta jämbördiga samtal kan föras även om den unge redan har fyllt femton och ett eller annat har gått snett. Det bästa är om man har övat på den typen av samtal redan från sexårsåldern.

Den jämbördiga dialogen handlar inte i första hand om demokrati och om barns rättigheter i politisk och juridisk bemärkelse. Det handlar i mycket högre grad om att stärka barnets egen ansvarskänsla och föräldrarnas förmåga att förvalta sin makt och att skapa tillit. Ju mer vi som människor blir tagna på allvar inom en gemenskap, desto mindre viktigt blir det att »få rätt« eller att »få sin vilja fram«. Det gäller i lika hög grad för föräldrar som för barn. Alternativen är en evig maktkamp eller underkastelse. För bara en generation sedan var det nästan alltid ungdomarna som skulle underkasta sig och som därför blev tvungna att leva ett dubbelliv om deras värderingar inte överensstämde med föräldrarnas. I dag är det inte sällan så att det är föräldrarna som underkastar sig – antingen för att de är konflikträdda eller för att de känner sig osäkra, och för att de vet att deras barn är så oerhört bra på att argumentera. Föräldrarna kan säga »ja« eller »okej«, och har samtidigt både dåligt samvete och en känsla av att ha kompromissat med sig själva.

I själva verket handlar det om makt. Hur brukar eller missbrukar föräldrarna sin makt? Svaret på den frågan är i hög grad avgörande för förhållandet mellan föräldrar och barn, för bägge parters välbefinnande och för barnets förmåga att navigera ute i verkligheten.

Även under ungdomsåren har föräldrarna stor makt – det vill säga, de har stort inflytande över hur de unga utvecklas och hur de uppför sig – oavsett om föräldrarnas beslut är kloka eller mindre kloka. Denna makt är förknippad med deras kärlek till varandra, deras gemensamma historia och en ömsesidig längtan efter samhörighet och närvaro.

Jag har i andra sammanhang (se till exempel *Livet i familjen* eller *Din kompetenta familj*) beskrivit föräldrarnas roll som »sparringpartner« för sina stora barn. Begreppet kommer från boxningssporten och betyder en träningskamrat som erbjuder maximalt motstånd och som samtidigt förorsakar minsta möjliga skada. Det är den effektivaste och mest fruktbara metoden för föräldrarna att utöva största möjliga inflytande. Straff hör enligt min uppfattning till *maktmissbruk* och är för övrigt fullkomligt verkningslöst på längre sikt.

Agera förnuftigt om reglerna överträds

Bland föräldrar råder samma förvirring som man också kan iaktta i medierna när det handlar om begreppen »straff« och »konsekvenser«. På senare år har man i allt högre grad övergått till att använda ordet konsekvenser, eftersom det låter trevligare.

Ett exempel: Gabriella är fjorton år och kommer hem sent en lördagskväll i tydligt alkoholpåverkat tillstånd – så påverkad att det inte går att tala med henne. Därmed har hon överträtt en av familjens regler och brutit ett avtal med sina föräldrar. Nästa morgon har hon huvudvärk och får sitt straff: hon får en månads utegångsförbud!

Gabriellas baksmälla är konsekvensen av att hon har druckit alkohol. Utegångsförbudet är straffet, ett försök från föräldrarnas sida att vara »konsekventa« – när man har sagt A (gjort en överenskommelse) får man också säga B (vara beredd att straffa). Tanken är att denna typ av konsekvens garanterar föräldrarnas trovärdighet.

Låt oss ta ett annat scenario: Gabriella kommer hem berusad. Hennes mamma ger henne en kram och hjälper henne i säng. Vid frukostbordet nästa morgon ser hennes pappa kärleksfullt på henne och frågar: »Mår du väldigt dåligt?« Gabriella nickar, och det är tydligt att hon både har huvudvärk och moralisk baksmälla. Föräldrarna kan ta det lugnt. Deras dotter har nu fått uppleva de fysiska och psykologiska konsekvenserna av att hon har druckit mer än hon tål, och hon är på så sätt pinsamt medveten om att hon har överskridit en gräns. Hur hon kommer att bete sig i framtiden beror på vilka slutsatser hon själv drar av händelsen, och det kan hennes föräldrar finkänsligt tala med henne om under de närmaste veckorna. De behöver varken undervisa eller straffa henne, och om de lyssnar uppmär[illegible] till hur Gabriella tänker kommer deras tillit till hennes ansvarskänsla att växa och deras oro att minska. Ungdomsåren består av tusentals experiment, och ungdomar mognar bara om det också finns plats och möjlighet att dela de misslyckanden de gör med sin familj. Ju mer isolerade, straffade, undervisade och kritiserade de unga blir, desto mindre lär de sig om sig själva, om sina starka och svaga sidor.

En handfull regler kan alltså bidra till att *förhindra* att vissa problem och konflikter uppstår, och samtidigt bidra till att understryka föräldrarnas värderingar. Vi ser ofta att regler används för att lösa konflikter och problem, och det lyckas nästan aldrig. I bästa fall ger det föräldrarna en känsla av att de »har gjort allt vad de har kunnat«, vilket döljer deras hjälplöshet. Det är mycket mer konstruktivt att öppet lägga fram sin hjälplöshet och att försöka hitta en gemensam lösning på de konflikter som uppstår.

Pubertet – konflikt mellan kultur och natur

I vår del av världen har vi under de senaste hundra åren i allt högre grad problematiserat den fas i barns liv då deras kroppar genomgår en naturlig psykosexuell förändring. På relativt kort tid förvandlas de från barn till fortplantningsdugliga unga och vuxna. Den mentala utvecklingen går samma naturliga väg från barndom och beroende till självständighet och autonomi, två egenskaper som föräldrarna vill att barnen ska ha och som man i andra kulturer hyllar genom att ge de unga mer ansvar, högre status och en ny roll i familjen och samhället.

Unga och sexualitet

Barns och ungdomars naturliga sexualitet har traditionellt problematiserats, såväl moraliskt som socialt. I min ungdom fanns bara tystnad. I stort sett inga vuxna talade med sina barn om sexualitet. Vi blev som mest varnade för graviditet, men ingen gjorde sig besväret att förklara hur man blev gravid eller hur man förhindrade det. Sedan dess har det offentliga rummet sexualiserats i extremt hög grad – med alla de för- och nackdelar som det medför. Åtta av tio fjortonåringar har tittat på porrfilm flera gånger och känner till flera sexuella varianter som inte ens fanns beskrivna eller bildmässigt dokumenterade för en generation sedan. Människans sexualitet är framför allt en symbol för hennes individualitet och autonomi. De vuxna »makthavarna« blir naturligtvis nervösa och kämpar ännu en gång förgäves mot »tiden«.

Samtidigt har vi fått en speciell ungdomskultur, som vi i huvudsak kan tacka det växande välståndet för. Men det betyder bara att denna ungdomskultur syns tydligare – eller är mer iögonenfallande om man så vill. Dess mest markanta kännetecken följer samma naturliga utveckling som den har gjort i generationer. Om tio till femton år kommer de unga att uppföra sig som de som är mellan tjugofem och trettiofem år gör i dag. Barn och unga samarbetar, kopierar och anpassar sig. Det är en process som pågår ständigt. Den kan man inte ändra på.

Mentalt sett är människan friare i dag än för bara två, tre generationer sedan. Människors ömsesidiga undertryckande av varandras individualitet och handlingsfrihet avtar sakta men säkert. Ungdomar gör i dag vad tidigare generationers vuxna inte ens vågade drömma om – eller kanske just drömde om. Den fas i familjens liv som präglas av det vi kallar barnuppfostran pågår nu bara i omkring tio år. Från nio–tioårsåldern betecknas barn i dag som »tweens« (»*in-betweens*«), och även om familjen och föräldrarna fortfarande har en central roll i deras liv börjar de i den åldern att på alla plan identifiera sig med tonåringarna. Föräldrarna är slut som förebilder, men sitter ändå djupt i dem. Vid denna tidpunkt får föräldrarna från sina barn de första verbala reaktionerna på sitt eget uppträdande som föräldrar och människor.

Alla barn tar skada av uppfostran

Drömmen om »naturbarnet« som växer upp utan manipulation, kränkning och förtryck – alltså utan påverkan från den kultur det lever i – är en illusion. Ingen som lever i en familj och i ett samhälle i tio år slipper helskinnad ifrån det, och gränsen mellan försummelse och förtryck är så hårfin att varken föräldrar eller lärare kan hitta den idealiska jämvikten.

Den barndom våra barn tillbringar tillsammans med oss tillfogar dem mer eller mindre djupa själsliga sår, men lyckligtvis har de resten av livet på sig att läka dem. Men ju friare och sundare barnen får möjlighet att utveckla sig, desto mer konstant avräkning får föräldrarna på gott och ont under ungdomsåren. Det är samma utveckling som också kan iakttas i parförhållanden. Kvinnor reagerar allt öppnade och direktare på sina partner, och det är värdefullt för relationen.

På samma sätt är föräldrar – om än i olika omfattning – präglade av sitt lands kultur, religion och samhällsklasser, men det är viktigt att slå fast att på vuxna sitter kulturen »mellan öronen«, och de kan relativt fritt förhålla sig till vad »man« gör och inte gör. Det är ett viktigt konstaterande, för kärnan i de vanligaste konflikterna i tonårsfamiljer är motsättningen mellan kultur och natur. Till exempel:

> Vilka regler och gränser bör föräldrar sätta för en fjortonåring? Passar dessa oss och vår fjortonåring?
>
> Hur stor vikt lägger *man* på skolgång och utbildning? Hur passar det oss?

Dessa konflikter, som många unga mer eller mindre medvetet konfronterar sina föräldrar med, är smärtsamma och komplicerade för bägge parter. Föräldrar med invandrarbakgrund märker det i särskilt hög grad när deras barn med de bästa avsikter och med stor kärlek försöker att respektera och anpassa sig både till familjens egna värderingar och till samhällets.

Föräldrar bemöter dessa konflikter på tre olika sätt:

1. De försvarar sina egna värderingar med näbbar och klor, de försöker tvinga eller manipulera sina barn till konformitet. Denna strategi är på förhand dömd att misslyckas.

2. De försöker kompromissa sig fram – det vill säga, de väljer den väg som ger minst motstånd för att på så sätt reducera antalet konflikter. Denna strategi skapar oundvikligen skuldkänslor och dåligt samvete, och leder på lång sikt till fler och större konflikter.

3. De ger upp och försöker vara »unga med de unga«. Men denna strategi berövas de unga de sparringpartner de så väl behöver.

Enligt min erfarenhet leder dessa tre vägar inte till målet, eftersom de undergräver relationen mellan föräldrar och barn. Resultatet blir oro, ilska och osäkerhet hos de unga och frustration, otillfredsställelse och skuldkänslor hos föräldrarna.

Konflikter som gåvor och utmaningar

Alternativet är att betrakta konflikterna som gåvor och utmaningar. Som gåvor, eftersom vi efter tio till tolv års ansvarsmedvetna och helhjärtade försök att vara så bra föräldrar som möjligt nu börjar se och inte minst höra resultatet av våra ansträngningar. Vi får feedback i form av våra barns personliga och sociala uppträdande, något som är långt mer nyanserat än vad en ung människa kan verbalisera.

Utmaningarna finns på flera nivåer:

Våra åsikter, vår tro och våra teorier utsätts för hårda prov när våra barn bestämmer sig för att pröva om det verkligen är våra värderingar de vill ta med sig i livet. I bästa fall leder detta till ändlösa diskussioner och konflikter, och även till mindre välformulerade »angrepp« på föräldrarnas övertygelser och traditioner. Det är ofta ansträngande – eller direkt ångestframkallande – att bli utsatt för att ens värdegrund tas upp till diskussion, men det lönar sig att ta chansen. Inte bara för att bevara relationen till den unge, utan också för att så mycket i våra liv har stelnat till rutiner som det kan vara nyttigt för alla parter att sortera i.

Våra olikheter blir så mycket tydligare ju mer provocerade vi känner oss. Dessa olikheter i livsfilosofi och människosyn måste de vuxna leva vidare med, och medvetenheten om och accepterandet av de inbördes olikheterna bidrar till att kvalificera dem som blivande svärföräldrar och som mor- och farföräldrar.

Som par har vi ofta varit föräldrar längre än vi har varit bara »partner«, och de ungas växande oberoende och bortavaro från hemmet gör att vi kan komma varandra nära igen som man och kvinna. Om föräldrarollen har uppfyllt oss i många år har vi ofta en benägenhet – särskilt som mammor – att klamra oss fast vid föräldrarollen, och vi känner en allt större oro för att »släppa taget«. Om vi känner så reagerar barnen antingen genom att bli kvar i beroendet eller genom ett göra extra våldsamt uppror mot föräldrarna. Båda reaktionerna är opraktiska för bägge parter.

Ytterligare ett skäl till att släppa uppfostrarrollen är att det nu är dags att etablera ett vuxet vänskapsförhållande med de stora barnen. Denna utmaning är en relativt ny ambition hos moderna föräldrar, men det är meningsfullt och underbart när det lyckas.

Det lönar sig att betrakta de konflikter som nästan alltid uppstår som kollisioner mellan naturliga livsprocesser och kulturella föreställningar och normer. Kanske är föräldrarnas kulturella föreställningar så viktiga för dem att de väljer att hålla fast vid dem, och i den mån detta sker är de vuxna medansvariga för konflikterna.

»Och vad gör jag nu?«

Förslag till lösningar i brevform

Öppen kommunikation med tonåringar

Kära Jesper Juul

Vi har tre barn som är tre, åtta och tolv år gamla. Den äldste är en pojke och de två yngsta är flickor. Pojken har just kommit in i puberteten. Hur klarar man av att upprätthålla en öppen kommunikation utan att invadera hans känslor och hans liv? Han frågar och tänker alltmer som en pojke som är på väg att bli vuxen. Samtidigt är jag som mamma rädd för att han ska förlora sin öppenhet gentemot oss och sluta upp med att ställa frågor till oss och berätta om sig själv. Jag är också rädd för att han ska komma i kontakt med droger och sådant. Just nu finns överhuvudtaget ingen anledning till oro, men hur kan jag undvika att min skräck tar överhanden så att kommunikationen mellan oss förstörs?

Flickorna är ju fortfarande små och möter livet med barnslig öppenhet. Om du kunde skriva om problematiken med öppenhet mellan tonåringar och deras föräldrar skulle jag bli mycket glad. Vi vill ju bara våra barns bästa.

En mamma

Först lite grann om föräldrars förhållande till puberteten i allmänhet. Det är som om vi i vår kultur inte kan problematisera och oroa oss nog för den period som i andra kulturer hälsas som en lycklig tid i barnets och familjens liv.

Det lönar sig därför för alla parter att lägga oron åt sidan och möta de kommande åren med följande inställning: det ska bli spännande att se vilken människa som min son/dotter utvecklas till.

Men det finns ju en massa skäl till oro, säger många. Ja, det är riktigt att vi lever i en farlig värld, där mycket förfärligt kan hända unga människor. Ibland ber jag mammor föreställa sig att deras män och barn varje månad skulle lägga ner flera timmar på att förbereda sig inför menstruationen eller flera år på att klara av klimakteriet. Det skulle med all säkerhet inte bidra till en särskilt god atmosfär i familjen. Båda delarna är hormonellt betingade faser i en människas liv – precis som puberteten.

Oro handlar också om tillit. Känner du tillit till din son? Om du gör det är det den bästa medicinen mot oron och det bästa stöd du kan ge honom under de kommande fem åren. Jag känner ju inte din son, men jag kan utan svårighet ställa samman en liten lista över vad dagens föräldrar bör känna tillit till, förutsatt att deras grundläggande relation till barnen är bra för övrigt:

Du kan känna tillit till att din son/dotter kommer att falla för några av de frestelser som han/hon blir utsatt för, och att han/hon kommer att göra en rad smärtsamma erfarenheter.

Du kan känna tillit till att din son/dotter med stor sannolikhet kommer att ägna sig åt att aktivt pröva sitt förhållande till alkohol, hasch och eventuellt andra droger samt sex, pornografi och förälskelse.

> Du kan känna tillit till att din son/dotter börjar välja vad han/hon pratar med sina föräldrar om, och vad han/hon pratar med sina jämnåriga om.

> Du kan känna tillit till att allt som din son/dotter gör de kommande åren är någonting som han/hon gör för *sin egen skull* och inte för föräldrarnas.

Tillit har ingenting att göra med övertygelsen om att barn alltid håller sig till det som deras föräldrar tycker är rätt eller fel. Den tillit som barn behöver från sina föräldrar är tilliten till att barnen gör sitt bästa för att bli de människor de skulle vilja vara. På exakt det fundament de har byggt upp tillsammans med sina föräldrar och med förskolan, skolan och andra nätverk.

Varför skriver jag överhuvudtaget så mycket om oro och bristande tillit? Det gör jag för att ge dig ett svar på hur du bäst kan bevara öppenheten mellan er. Jag har under de senaste trettio åren mött många unga från olika kulturer, och en sak förändras aldrig: de törstar efter föräldrarnas tillit och de hatar deras oro.

Det innebär inte att den relevanta delen av din oro skulle skada er relation. Det betyder bara att du måste dela den med andra vuxna i stället för att lägga över den på din son.

Det finns också en annan viktig sak som du kan göra. Du kan börja (eller fortsätta) vara öppen och tala om ditt eget liv när du är tillsammans med din son. Om du är som de flesta föräldrar har du hittills mest vänt dig till din son i frågeform: »Hur gick det i skolan i dag? Hur mår du? Har du tänkt igenom det ordentligt?« Och så vidare, och så vidare.

Jag menar naturligtvis inte att du ska förhålla dig till honom som till en vuxen partner, utan som till en god vän. Du har ditt privatliv och han är på väg att få sitt, och båda delarna måste accepteras om er vänskap ska kunna utvecklas och hålla under de kommande femtio åren.

Under puberteten sker så stora biologiska förändringar i barns hjärnor att föräldrarna plötsligt upplever att de inte längre känner sina egna barn. De här förändringarna gör att många unga under lång tid tvingas vända all uppmärksamhet inåt. Denna inåtvändhet får föräldrarna inte ta personligt, eftersom det inte handlar om att en bra relation plötsligt har blivit dålig. Den är inte heller ett tecken på bristande förtrolighet.

Det frustrerande är att den är icke-verbal. Ord och samtal är dock bara *ett* sätt att visa sin öppenhet. Bara det att din son deltar i familjelivet som den han är, är ett uttryck för hans öppenhet och tillit.

Livet tillsammans med barn i puberteten gör att föräldrarna konfronteras med det faktum att livet inte kan planeras (en illusion som många småbarnsföräldrar har). Din son måste leva sitt liv på det sätt det utvecklar sig, och han måste veta att ni finns där under en tid. Inte som terapeuter eller socialarbetare, utan som sparringpartner och stöttepelare.

Det kan komma att betyda hårt arbete för bägge parter, men allt fler tonåringar tar med större säkerhet och självklarhet hand om sina egna liv utan att göra föräldrarna till fiender.

Det bästa du kan göra för att fortsätta utveckla ett nära förhållande till din son är att vilja utveckla dig själv tillsammans med honom. Du har naturligtvis inte längre ansvar för hans uppfostran, men du bär fortfarande huvudansvaret för er inbördes *relation* – som ju som bekant är den viktigaste faktorn i all uppfostran. Lycka till.

Straff efter gränsöverskridanden?

Kära Jesper Juul

Jag skriver till dig eftersom jag har en fråga som handlar om en tonåring som har gått över gränsen. För tjugo minuter sedan ringde min syster och var mycket upprörd. Hela eftermiddagen har hon försökt få tag i sin femtonårige son, Kasper. Till slut bestämde hon sig för att leta reda på telefonnumret till den kamrat som Kasper sagt att han skulle vara hos. Kamratens föräldrar berättade att Kasper inte var där och att deras son befann sig i en annan del av landet. Då gick min syster in i Kaspers rum i hopp om att hitta någonting som kunde hjälpa henne att få reda på var han befann sig. Hans dator stod på, så hon gick igenom hans e-post och hittade då ett meddelande till en flicka hon inte kände. Hennes son hade uppenbarligen lärt känna henne på nätet.

I sitt mejl beskrev Kasper sin mor som en dum käring och en hora som ville tvinga honom att göra sina läxor och inte ville låta honom göra som han ville. Om han inte skulle hinna komma fram i tid skulle han försöka låna en moppe eller också skulle han sno en.

Min syster blev upprörd över mejlet och bestämde sig för att ringa till Kaspers pappa för att få honom att ta kontakt med sin son. De skildes då Kasper var omkring sex år gammal.

Pappan lyckades få tag i Kasper som befann sig någonstans utanför staden, men på väg hem. Kasper sa att han inte hade lust att berätta för sin mamma var han hade varit, eftersom han då bara skulle bli tillrättavisad.

Min syster är en mycket klok kvinna. För några år sedan genomgick hon långvarig familjeterapi för att förbättra relationen till sin son, vilket i många avseenden har varit till stor hjälp.

Det råder inga tvivel om att Kasper har råkat i knipa. Vi kommer själva från en dysfunktionell familj, och det har lett till att vi som vuxna har tvingats söka hjälp för att kunna hantera våra liv. Min syster håller just på att avsluta sin utbildning till socionom, och att hon har lyckats med det beror till stor del på den familjeterapi hon själv har gått igenom. Hon har fått massor av pedagogisk erfarenhet och personliga insikter, men det är ju alltid svårt när det handlar om ens egna barn.

Kasper har inte alltid haft det så lätt i skolan, varken kunskapsmässigt eller socialt, och han har relativt många dysfunktionella egenskaper. Av rädsla för att inte duga överdriver han, och kan ofta verka lite dryg. Han kämpar emot allt som heter gränser. För det mesta säger han bara »Ja, mamma«, och gör som han vill i alla fall. Han har aldrig varit särskilt bra på att ljuga, eftersom hans dåliga samvete alltid avslöjar honom. Jag tror att han försöker ignorera sitt samvete, eftersom det hämmar hans utveckling.

Allt detta är naturligtvis så som jag ser på det, men jag tror att min syster skulle kunna skriva under på alltihop. Kasper är i grund och botten en bra pojke. Det betyder mycket för honom att vara omtyckt, och han är alltid hjälpsam mot andra. Han är väldigt mycket tonåring, och märker nu i sitt eget liv resultatet av allt som inte fungerade optimalt i hans barndom.

Min syster ringde i första hand till mig för att få avlastning, för att inte explodera i samma ögonblick som Kasper kom innanför dörren. Hon förklarade vad hon hade tänkt göra och ville höra vad jag skulle ha gjort i samma situation.

Som första sanktion hade hon redan tagit bort datorn från Kaspers rum. När Kasper kom hem skulle hon genast ta hans mobiltelefon, men sedan visste hon inte riktigt vad hon skulle göra. Naturligtvis vet hon att det krävs mer än att bara konfiskera hans personliga tillhörigheter, men hon var inte säker på vad det skulle vara.

Hon tyckte bara att hon behövde ge honom något straff som skulle vara kännbart, så att Kasper inte behövde tvivla på att hans mamma såg allvarligt på det som hänt.

Under vårt samtal blev jag så arg å hennes vägnar. Om Kasper hade varit min son, sa jag till henne, hade han inte fått gå hemifrån förrän han hade bett henne ordentligt om ursäkt, oavsett hur många dagar det skulle ta. Jag skulle inte ens låta honom gå till skolan, sa jag, förrän saken var ur världen.

Dessutom sa jag att hon utan omsvep skulle berätta för honom att detta skulle få konsekvenser, och sedan skulle jag kontakta den familjeterapeut som hon själv hade fått hjälp av tidigare. Och om hans uppträdande inte förändrades till det bättre, tillfogade jag, skulle jag säga att det inte kunde bli tal om någon internatskola på gymnasiet, eftersom hon inte kunde lita på honom så fort han var utom synhåll.

Jag har ingen aning om huruvida det är rätt att göra så, men om man inte gör någonting ordentligt nu är jag rädd att han kommer att hamna snett. Vad skulle du råda oss till i den här situationen?

Svar

Först vill jag berömma din syster för att hon ringde till dig i stället för att explodera på stället – och jag vill berömma er båda för ert engagemang och era tvivel. I det följande vänder jag mig till din syster:

När våra barn är tonåringar får vi föräldrar vår välförtjänta belöning och vårt välförtjänta straff, och båda delarna ofta vid helt oväntade tidpunkter och i helt oväntad form. Du upplever just nu ett klassiskt uppror från din sons sida, då han plötsligt bryter mot alla spelregler och därför också framkallar lika klassiska reaktioner från de vuxna: konsekvenser, straff, frihetsberövanden. Innan jag går närmare in på det vill jag gärna säga att du enligt min bedömning befinner dig i en situation där det du gör behöver uppfylla tre syften. För det första måste du ta din egen kränkning på allvar. För det andra behöver du förnya och förbättra relationen mellan er. För det tredje behöver din sons framtid påverkas i så konstruktiv riktning som möjligt.

En sak är säker: din son har länge burit på en stor vrede som han hittills har stängt in i sig själv och skyddat dig emot. Jag förmodar att det hänger ihop med hans livslånga status som »problematisk«, och antagligen också med delar av er familjesituation, där tonvikten har legat på att få saker och ting att fungera efter vuxna måttstockar och där det inte har varit tillräckligt mycket fokus på honom som person.

Hans ordval i mejlet berättar om en pojke som länge har känt sig ofri, som inte har känt sig »sedd« och tagen på allvar. Nu hittar han en flicka på nätet som han tycks känna sig förstådd av, och då kommer hans vrede till uttryck. Kanske hade han kunnat hålla den dold för dig om du inte hade läst hans mejl.

Det måste naturligtvis kännas djup orättvist för dig, just för att du har lagt ner så mycket energi och så många känslor på ert förhållande och på att det skulle gå bra för honom. Men jag måste dessvärre säga att det har varit ditt eget val och ingenting han har bett om eller haft möjlighet att undanbe sig. Det är sådana beslut vi fattar som föräldrar i hopp om att göra det rätta. Men vi kan aldrig vara säkra.

Du måste därför ta ansvar för detta själv och inte förvänta dig att han ska vara tacksam. Det paradoxala är ju just att det är ännu svårare att säga ifrån till en mamma eller pappa som engagerar sig så mycket än till en mamma som låter udda vara jämnt.

Jag tycker att du först ska förhålla dig till din egen vrede och kränkning. Det ska du göra i ett samtal där du på ett tydligt sätt, samtidigt som du visar dina känslor, gör klart för honom vad han har utsatt dig för och att du inte kommer att finna dig i någonting liknande – aldrig någonsin mer ... överhuvudtaget ... ever!

Du kan välja att straffa, men du ska veta att det bara är ytterst sällan som det får någon konstruktiv effekt. För det mesta har straff destruktiv inverkan på unga människor och på förhållandet till föräldrarna. Ibland hjälper det föräldrarna att känna sig effektiva, vuxna och ansvarsfulla, men effekten håller dessvärre sällan i sig så länge. I din sons fall är risken att han gör sig »likgiltig« mycket stor, och då blir han också likgiltig i förhållande till sig själv – »Fuck världen!« Därifrån är det inte långt till självdestruktivitet.

När du efter några dagar känner att du har »tömt« dig på ord och känslor – bortsett från sorgen, smärtan och kärleken – är det dags att försöka förstå hur din son faktiskt har det och har haft det i flera år. Det är möjligt att du kan behöva professionell hjälp, men jag tvivlar på att din son kommer att gå med på det.

Slutsatsen av dessa samtal kommer utan tvivel att bli att din son vill ha mer frihet, mindre inblandning och kontroll, och mycket mer tillit – och det är just vad han behöver. Han kunde inte bli vuxen utan att kränka dig, men nu är tiden inne för dig att släppa honom och din gamla mammaroll. Han behöver dig inte mer på det gamla sättet, men han behöver dig fortfarande oerhört mycket som sparringpartner och som kärleksfullt vittne till sitt liv.

Om du har problem med att känna tillit till honom vill jag för säkerhets skull förklara vilket slags tillit jag talar om, nämligen din fullständiga tillit till att han gör det bästa han kan med de kort som livet har gett honom på handen. Vi vet alla att de inte var helt bra, men du kan sova lugnt på natten, väl vetande att du har gjort en enorm insats som har bidragit till att han har kommit så långt som han gjort. Mer kan ingen begära av dig, men belöningen kommer inte förrän han har tagit sig fram den sista biten av egen kraft och har blivit en vuxen man som hans mamma kan vara mer stolt över än bekymrad för. Det kan mycket väl handla om tio år, men det är värt att vänta på.

»Kylskåpet är tomt« – om att finna sin egen väg

Kära Jesper Juul

Jag mår så dåligt. Jag är rädd för vad andra tror och tycker om mig, och det hämmar mig så mycket att mitt liv blir väldigt begränsat. Jag vågar inte vara mig själv och jag vågar inte heller vara duktig i skolan – för vad händer om någon skulle tycka att jag pluggar för hårt och arbetar ihjäl mig? Det gör mig så klart enormt självcentrerad, sur och tråkig. Det är väl okej att känna sig sån när man är sjutton år, men jag ser samma mönster hos mina två äldre bröder som är tjugo och tjugotre. De går på antidepressiva båda två och kämpar med samma saker som jag själv gör. Min äldsta bror har börjat på en utbildning, men han tycker att det sociala livet är så otroligt jobbigt att han inte är säker på att han orkar mer och han kommer antagligen att hoppa av om ett par veckor – på samma sätt som han har hoppat av studier tidigare. Min andra bror avskärmar sig, spelar datorspel och undviker kontakt med andra människor.

Jag vet att det har att göra med mina föräldrar, men jag vet inte *på vilket sätt.* Strax efter att jag hade fötts fick min pappa ett sammanbrott och lades in på psykiatrisk klinik. Han har inte arbetat sedan dess. Han är överviktig, fullständigt passiv, men väldigt snäll och intelligent. Mamma är socialt sett enormt framgångsrik, har många vänner och sköter om familjen. Men hon säger hela tiden att hon känner sig sliten av allt hon måste göra hemma, och hon har sagt att hon vill skiljas. Jag är rätt säker på att det inte var en sådan familj hon hade önskat sig, och egentligen tycker jag lite synd om henne. Vi är väldigt öppna i vår familj och pratar om mycket. Det handlar ofta om våra psykiska problem och mamma försöker råda oss så gott hon kan. Men det känns som om vi är omättliga. Inuti mig i varje fall finns en plats där det finns så mycket självhat, bitterhet och känslor av otillräcklighet att andras bekräftelse inte rår på det. Och det verkar faktiskt inte som om de lyssnar på mig när jag berättar hur jag mår.

Jag vet inte vad jag ska göra. Borde jag lämna min familj, springa lång väg och flytta? Vad kan vi göra i vår familj för att stärka vår självkänsla?

Jag ser att andra börjar skaffa sig egna liv, flickvänner, bra betyg, och de vet vad de vill. Jag vet att jag är stark, men jag måste hitta någon som kan hjälpa mig att tro på mig själv.

Tack på förhand för ditt svar.

Svar

Jag träffade en gång en ung man i din ålder. Han hade gripits av polisen för en rad inbrott i sommarstugor. Han hade rymt från ett ungdomshem och brutit sig in i sommarstugorna för att hitta någonting att äta. Till slut ringde han själv till polisen efter att ha brutit sig in i ett hus med ett jättestort förråd i källaren. Det var fyllt med mat och dryck, men omöjligt att ta sig in i på grund av en massiv järndörr som han kunde se igenom, men inte bryta upp. Han sade ungefär så här till mig: »Jag har inga problem med att bryta mig in i ett hus och upptäcka att det inte finns någonting att äta, för då går jag bara vidare till nästa hus. Men att sitta på trappan och se alla läckerheterna utan att komma in knockade mig helt.«

Din situation liknar den unge mannens på flera sätt, men på en mycket viktig punkt skiljer den sig helt. Den unge mannen kunde se in i en källare full av den näring han behövde, men i din familj är källaren eller kylskåpet tomt! Det har det varit väldigt, väldigt länge, men det är nästan omöjligt för ett barn att tro på det. I barnets fantasi har föräldrarna allt vad barnet behöver, och om de inte skulle ha det slutar det med att barnet ger sig självt skulden och finner sig i att leva på svältgränsen.

Jag kan inte avgöra om du ska flytta ifrån din familj och bryta med dina föräldrar, men det skulle vara oerhört bra för din självkänsla om du kunde se verkligheten i ögonen och ge upp hoppet om att kylskåpet en dag plötsligt ska vara fyllt med alla dina älsklingsrätter. Det kommer aldrig att ske. Du har den familj du har, och du har nätt och jämnt lyckats överleva med den, men att leva på riktigt har du (och resten av din familj) fortfarande tillgodo.

När jag läser ditt brev känns det som om du redan har insett det och att det som återstår är att ta det avgörande steget. Innan du kan göra det är det nog viktigt att du lägger ner lite tid och känslomässig energi på att »säga farväl« – inte bara till dina föräldrar, utan i första hand till dina drömmar om att de skulle ha det du behöver.

Det är ofta lika svårt att ta avsked av en fantasi som av en kär, avliden släkting. Du måste få känna och uttrycka din sorg och vrede, och det skulle säkert vara bra för dig att samtala med en erfaren och inkännande psykolog eller psykoterapeut. Din fantasi är en gammal vän som du har haft i hela ditt liv, och även om din hjärna talar om för dig att den är omöjlig att uppfylla kommer det att kännas smärtsamt att säga farväl till den. Om du väljer att göra det på egen hand riskerar du att konfronteras med en stor ångest som du inte bör försöka hantera själv.

Hur ditt förhållande till dina föräldrar och syskon ska se ut i framtiden är omöjligt att sia om innan du har begravt din fantasi och det har gått en tid då du har kunnat sörja förlusten. Du kommer att upptäcka att det en vacker dag plötsligt strömmar en ny vitalitet i din kropp som ett tecken på att du är fri och att ditt nya liv kan börja. Du kommer fortfarande att ha ett klent fundament att bygga det på, men det är villkor som du delar med tusentals andra människor som inte heller har vuxit upp i mönsterfamiljer.

Vi kan alltid diskutera om dina föräldrar kunde ha gjort det lättare för dig och dina syskon, men ingen av parterna kommer att må bättre av det. Båda dina föräldrar har gjort så gott de har kunnat i sina liv, och ni barn har säkert berikat deras liv mer än de har berikat era. Det skulle vara till stor hjälp för dig om dina föräldrar kunde erkänna det, men det är nog för mycket att hoppas på. Din mammas ensamhet och hjälplöshet är stor och din pappa lever troligen med en massa skuldkänslor – både i förhållande till sina barn och till sin hustru. De har alltså fullt upp med sig själva, och så kommer det säkert att fortsätta vara – även om din mamma gör allvar av sina tankar på skilsmässa. Du har alltid varit ensam, så var inte rädd för ensamheten – frukta bara resignationen.

Att umgås med alkohol

Kära Jesper Juul

Att släppa taget och känna tillit är inte alltid så lätt. Två av våra tre pojkar är nu sexton och sjutton och uppenbarligen inga småbarn längre. Vi föräldrar känner ett starkt behov av att breda ut vingarna över våra söner och tillsammans med dem möta alla de äventyr som vuxenlivet bjuder på.

Hur råder det naturligtvis delade meningar om. Någonting som leder till ständiga sammandrabbningar är att pojkarna gärna vill träffa sina vänner och konsumera relativt stora mängder alkohol. Innan de fyllde sexton bröt de ofta mot vårt totalförbud mot alkohol. De kämpade mot vårt förbud med många argument, i synnerhet det att man överallt på gatorna kan se ungdomar med en öl i handen plus att vår inställning var uråldrig. Inte ens när de hade fyllt sexton tillät min fru och jag ett överdrivet intag av alkohol, vi tillät däremot ett kontrollerat, måttligt umgänge med alkohol. Du kan säkert föreställa dig att det fanns mer än en åsikt om detta.

Det är inte lätt när man stämplas som antik och bakåtsträvande bara för att man faktiskt bryr sig om sina barn. Man vill ogärna förstöra nöjet för dem, men man får i allt högre grad även finna sig i dåliga exempel från vuxna som dricker sin fredagsöl på allmänna kommunikationsmedel.

Jag skulle bli glad om du kunde skriva någonting om detta dilemma. Som mina söner så vackert uttrycker det: du kan inte blunda för alkoholen. Man måste få ha kul.

En pappa

Svar

En pappas kvaliteter mäts inte efter de regler han ställer upp, utan efter hur han reagerar när barnen bryter mot reglerna. Det betyder inte att brott mot reglerna ska glorifieras eller att man från början ska avstå från att sätta upp vissa ramar. För dessa ramar, som varje tonåring innerst inne är positiv till, är uttryck för omtanke och oro när ungdomarna växer upp och ska stå på egna ben.

För dig och din fru har alkoholen blivit fienden nummer ett, och oron för att era söner till slut ska hamna i ett alkoholmissbruk ger er kraft att fortsätta kampen mot denna fiende.

Ni kan vara glada för att ni har söner som står för vad de gör. Det säger något om *era* uppfostringsmetoder under de första tio till tolv åren av era barns liv. De söker en öppen diskussion med er i stället för att förställa sig eller ljuga för er. Om jag var ni skulle jag fira det med en skål!

Missbruk och beroende är ett fruktansvärt öde, och vi vet nu att unga såväl som vuxna kan bli beroende av många olika saker: alkohol, droger, shopping, sex, datorspel, nätsurfande, psykofarmaka, spel och så vidare. Vuxnas missbruk är större än ungdomars, men har samma orsaker: låg självkänsla, negativ självbild och bristande förmåga att klara livets upp- och nedgångar.

Det innebär att föräldrarnas insatser under de första tio till tolv åren av barnens liv har avgörande betydelse. Men man bör också varna föräldrar för att förfalla till en panik-före-stängningsdags-uppfostran av de halvvuxna telningarna i hopp om att kunna inhämta det som försummats.

Era söner är helt införstådda med er inställning till ungdomar och alkohol, och det är viktigt. Ni kan vara säkra på att era åsikter tas på allvar och att era barn diskuterar det hela med sina vänner. I er familj har det för tillfället lett till att era söner har bestämt sig för att inte lyssna på er i just *den* frågan. För ögonblicket konfronterar de er både i teorin och i praktiken med det faktum att de då och då dricker alkohol.

Det tyder på att tre saker fortfarande är intakta: er inbördes relation samt era söners självkänsla och självbild. Fram till i dag har du som pappa haft stort inflytande och gjort ett gott intryck på dina söner. Därför kommer det att gå lika bra nästa år, om du lyckas bevara din roll som sparringpartner för dina barn i stället för att försöka byta till rollen som polis eller domare.

Det som i dag brukar kallas att »dricka sig asfull« har alltid förekommit bland tonåringar och unga män. Tidigare skedde det bara i det fördolda, vilket gjorde att föräldrarna kunde blunda för det. I dag tvingas många föräldrar förhålla sig till detta och ta ställning till det, på samma sätt som till den öppna sexualiteten.

Många föräldrar har traditionellt reagerat med förbud, konsekvenser och straff, men det har bara i undantagsfall medfört att deras barn har ändrat beteende. Därför känner vi oss ofta hjälplösa när vi inte kan få ungdomarna att ändra beteende och göra som vi vill. Men det är ändå en bra utveckling som innebär att den framtida relationen med våra barn kommer att förbättras markant.

Min slutsats är alltså att ni som föräldrar har gjort ett enastående gott arbete och att ni inte har den minsta anledning att känna er rädda eller oroliga. Däremot finns goda förutsättningar för fortsatta samtal, diskussioner och konflikter som kan hjälpa bägge parter att växa och skaffa sig nya insikter.

In med pappa på scenen!

Kära Jesper Juul

Det är inte så lätt att vara mamma!

Jag är mamma till tre barn. Den äldste har flyttat hemifrån. A är fjorton och B är tio, och de bor naturligtvis fortfarande hemma. Båda är pojkar. Deras pappa är inte hemma särskilt mycket, så det är jag som för det mesta måste få vardagen att fungera.

Jag är orolig för A:s utveckling. Han har alltid varit intelligent och snabbtänkt. De första fyra åren i skolan gick han i en internationell skola där han trivdes bra och tyckte om skolarbetet. För fyra år sedan återvände vi till Norge, och hans skoldagar blev då väldigt annorlunda. Han uppfattades av lärare och skolkamrater som nörd, eftersom han kunde mycket mer än sina klasskamrater på de flesta områden och eftersom han var van vid att göra som han blev tillsagd utan att protestera. Det tog lång tid för honom att finna sig tillrätta, men under de gångna tre åren har han anpassat sig efter stilen i klassen och blivit enormt lat när det gäller skolarbetet.

Detta beteende genomsyrar numera det mesta i hans liv. Han gör alltid så lite som möjligt. Han gör aldrig läxorna, bryr sig inte om sina kläder, knyter aldrig skosnörena, städar aldrig och hjälper aldrig till, såvida han inte blir direkt tillsagd att göra det. Det enda jag upplever att han visar något slags passion för är datorspel, skidåkning och att umgås med kamraterna.

Jag känner mig förtvivlad över situationen och tycker att han slösar bort sina talanger. Jag är inte typen som uppträder som polis och absolut inte gentemot någon som är fjorton år. Ändå känner jag starkt att han behöver ändra sitt beteende. Som det är nu lever han mest i nuet och orkar inte se de långsiktiga konsekvenserna av de val han gör. Vad ska jag göra?

En villrådig mamma

Svar

Det är svårt att hjälpa dig utan att veta mer om din familj, men låt mig ändå försöka med ett par kvalificerade gissningar som bland annat bygger på många års arbete med diplomatfamiljer och de svårigheter som är förknippade med att byta miljö vart fjärde år och att återvända till hemlandet. Men först något om A och hans pappa.

De allra flesta barn har en speciell relation till den ena av föräldrarna, en roll som inte har med kärlek, vanlig kontakt eller samvaro att göra. För att fatta mig kort betyder det att det är tillsammans med den föräldern som barnet bör lära sig att hantera sitt liv och sin existens. Om denna förälder inte är närvarande måste barnet klara sig självt. Den andra föräldern kan inte kompensera för det. Min gissning är att A har en sådan relation till sin pappa. Kanske *saknar* han sin pappa på ett känslomässigt plan – kanske inte – men det viktigaste är att pappa *inte finns där* som inspiration och närvarande förebild. Det gäller särskilt under puberteten, då han inte kan lära sig (att vara man) av sin mamma. Inte ens den mest kärleksfulla mamma kan kompensera för en frånvarande pappa. Det bästa vore alltså om din man engagerade sig mycket mer – inte som uppfostrare, utan som vuxen kamrat och primärkontakt.

Första gången som A på allvar hade behövt detta var troligen när ni kom tillbaka till hemlandet. De internationella, amerikanskt inspirerade skolorna har en helt annan kultur med större betoning på prestation och framåtanda än våra nordiska skolor, som sällan är särskilt bra på att ta emot dessa barn och ungdomar genom att ge dem meningsfulla utmaningar i skolarbetet och stöd i de sociala processer de måste genomgå. Din man tycks ha överlåtit denna integrationsprocess till A och dig, och det har fått A att känna sig väldigt ensam. Till slut valde han kamraterna som sina närmaste. Detta ska inte ses som kritik av din insats som mamma, utan som ett konstaterande av att uppgiften bara kan lösas av far och son gemensamt.

På samma sätt har din son reagerat på skolan: »Om ni inte kan ta mig och mina behov på allvar, varför ska jag då leva upp till era krav?« Han behandlar skolan på precis samma sätt som skolan har behandlat honom. Vi vuxna kan se att det är en kortsiktig reaktion, men den är helt logisk.

Min uppfattning om din man är att han (i likhet med så många andra män) lever mer i och för framtiden än i nuet, och att detta inte på något sätt är konstruktivt, varken för hans egen livskvalitet eller för familjens. Därför är det på sätt och vis både klokt och logiskt att A väljer en motsatt hållning till livet. Inte som en medveten protest, utan som en logisk konsekvens av att han har saknat sin far under viktiga faser i livet. A slösar bort sina talanger och sin utbildning, men existentiellt sett gör han det bästa han kan: han accepterar sin ensamhet i familjen utan att angripa eller förstöra den och han fokuserar på det som ger hans liv mening. Han tacklar kanske inte sitt liv på ett speciellt intelligent sätt för tillfället, men väldigt klokt! Jag har stor tillit till att han befinner sig på en helt annan och mycket mer konstruktiv plats om tre eller fyra år, om du/ni kan acceptera och erkänna hans ensamhet och det logiska i att han gör sina egna val. Din mycket viktiga roll är att se till att han inte behöver göra det *på egen hand*. Du kan finnas där när det gör ont och han själv ber om uppmärksamhet. Men du får inte kompensera genom att ge honom för mycket service!

Om du vill ändra på detta kan du inte göra det på egen hand. Om du tycker att det överhuvudtaget finns någon mening i det jag har skrivit föreslår jag att du kallar till ett familjeråd och läser brevet högt för din man och era barn. Låt deras reaktioner och kommentarer utgöra utgångspunkt för en dialog. Det är aldrig för sent för din man att bli en del av er sons liv, men han kan bara bli det om han själv vill det. Han får absolut inte gå in och »spela« pappa för att få A på rätt köl. Kanske kan din man inte erbjuda mer än han redan har gjort, och då är det en sådan far som A har, och det måste han försöka förhålla sig till. Det gör inte din man till en dålig människa eller en misslyckad pappa, men han måste ta ansvar för det han *inte* är och därmed göra sonen fri att hitta sin egen väg. Far och son har just nu det gemensamt att deras livsstil är viktigare för dem än livet självt, och det faktum att sonens livsstil skiljer sig helt från pappans är helt logiskt. Detta måste familjen antingen lära sig att hantera, eller så får ni utnämna A till familjens svarta får.

Ert liv har varit speciellt på grund av att ni har bott i så många länder, men er son är långt ifrån ensam om att sakna en nära relation till sin pappa. Det finns massor av familjer där far och son träffar varandra varje dag, och där mamman ändå gör merparten av arbetet utan att få mer än ett symboliskt stöd från sin man. Begreppet »frånvarande pappor« genomsyrar vår europeiska historia, men dagens barn och ungdomar har lyckligtvis mycket större möjligheter att leva ut sin frustration och/eller att hitta sin egen väg i livet än vad ungdomar för bara en generation sedan hade. Vissa skulle kanske kalla din man en dålig förebild för din son, men även dåliga förebilder kan man lära sig mycket av!

Gemensamt hem eller hotell?

Kära Jesper Juul

Vi har en femtonårig son som orsakar oss en del bekymmer. Han är på många sätt en bra pojke som klarar sig bra i skolan och även bland kamraterna. Hans stora intresse är datorspel som han spelar tillsammans med andra ungdomar från hela världen, men han spelar fortfarande fotboll och tränar judo. Vårt problem är att han enligt vår mening är alldeles för lat och ovillig att hjälpa till här hemma. Eftersom han är enda barnet har vi aldrig brytt oss om att ge honom uppgifter, men det börjar jag ångra nu, bland annat eftersom han tar mitt arbete med att sköta hans kläder, laga mat och så vidare som en självklarhet. Det sårar mig att han inte kan göra någonting av sig själv – till exempel lägga sina kläder i tvättkorgen eller erbjuda sig att hjälpa till med att laga mat, handla, tvätta bilen och så vidare. Har vi skämt bort honom, och vad kan man överhuvudtaget kräva av en femtonåring?

Hälsningar från en frustrerad mamma

Hur kan man ge ett bra svar på denna fråga?

En del föräldrar har svårt att förstå vilka krav de kan och vill ställa på sina stora, hemmaboende barn. En mamma kontaktade mig och berättade att hennes sextonårige son i stort sett behandlar sitt hem som ett pensionat, föräldrarna som en del av personalen, och att han aldrig erbjuder sig att hjälpa till eller ta på sig några uppgifter som rör det gemensamma. Han kommer och går som det passar honom, men ger till exempel aldrig besked om huruvida han kommer hem till middagen eller inte. Han förväntar sig att hans kläder ska vara i ordning, sängkläderna bytta samt att han blir skjutsad dit han ska och att hans vänner blir serverade när de hälsar på honom.

Mamman berättar att båda föräldrarna har haft den inställningen att pojken – som är ensambarn – inte skulle behöva ta något speciellt ansvar därhemma. »Så länge han klarade sig bra i skolan och hade sunda fritidsintressen var vi bara glada för att ta hand om resten.«

Lika länge som jag har varit familjeterapeut har jag hört frustrerade föräldrar säga detta: »Han/hon behandlar sitt hem som ett hotell.« Och det uppriktiga svaret är att när unga människor gör så är det nästan alltid för att deras föräldrar inte har erbjudit dem någonting annat eller mer än ett hotell – nämligen god service.

Barn samarbetar alltid med föräldrarnas inre och yttre beteenden, och när man passar upp på och behandlar barnen som gäster kommer de så småningom att finna sig tillrätta i den rollen.

Detta är naturligtvis på ett sätt djupt orättfärdigt. Föräldrarna har ju älskat sin son och gett honom massor av omsorg – båda delarna kvaliteter som ett hotell inte erbjuder.

Problemet är emellertid att föräldrarnas kärlek har kommit till uttryck i en form som barnet vänjer sig vid. I denna familj valde föräldrarna att uttrycka sin kärlek som »service«, men service är inte kärlek. Service är service. Det betyder inte att den inte känns varm i föräldrarnas hjärtan, men den innehåller inte de näringsämnen som ett barn behöver för att kunna växa och utvecklas på ett sunt sätt. Eller med andra ord: avsikten var god, men inte genomtänkt.

I en familj med bara ett barn kan föräldrarna utan problem stå för familjens skötsel utan att barnet hjälper till eller har fasta plikter. Det är helt annorlunda när det finns flera barn i familjen. Förr i världen sade man att »det är bra för barn att ha plikter«, och det är både rätt och fel. Det är bra för barn att uppleva att deras insatser har betydelse för det gemensamma. Plikter för pliktemas skull är inte särskilt meningsfulla.

Denne femtonåring var från början precis lika hjälpsam och ivrig att ge sitt bidrag som alla andra barn, men hans föräldrar ansåg att det var bättre för honom att leka, sköta skolarbetet, spela fotboll och vara tillsammans med sina kamrater. Det ville medverka till att ge honom ett värdefullt liv, men förbisåg att deras son också behövde känna sig viktig för gemenskapen.

Så är det ofta med oss föräldrar. Vi är så upptagna av vad vi kan och bör ge barnen att vi förbiser deras behov av att ge *oss* någonting – för att skapa balans i relationen. Men barn är oerfarna, och om vi insisterar upplever de inte de obehagliga sidorna av obalansen.

Det är viktigt att barn får möjlighet att bidra aktivt till gemenskapen. Det är viktigt för deras självrespekt, för utvecklingen av deras personlighet och sociala ansvarskänsla och för deras självkänsla. Om det ska heta plikter eller någonting annat är mest en fråga om föräldrarnas temperament och behov av struktur och ordning.

När barnen är åtta, nio år gamla kan de börja visa alla tecken på motvillighet när de gör sina uppgifter, men det innebär inte att man ska ge upp. Det betyder bara att det är så mycket annat som de hellre vill göra. Uppgifterna i hemmet är ofta de som de har minst lust att göra just nu. Och det gör ingenting. De måste inte ha lust, men de måste bidra till gemenskapen. Vi kan förhandla med dem om hur många eller vilka uppgifter de ska ha, men ingen har i längden glädje av att åka med som fripassagerare eller på fribiljett.

Det är till exempel helt rimligt att förvänta sig av en femtonåring att han först och främst tar ansvar för sitt – det vill säga lagar sin egen mat eller lagar mat till hela familjen, håller ordning på sina egna kläder (tvättar, torkar, stryker), sköter arbetet eller skolan, städar sitt eget rum och tar sig till och från hemmet.

För just den här familjen innebär det några allvarliga samtal, där föräldrarna tar ansvar för sina fel och inte förebrår sonen för att han har samarbetat med deras slags kärlek.

Detta medför tre vinster: han lär sig att ta ansvar för sig själv. Han bidrar till det gemensamma. Han lär sig att kärlek inte bara handlar om att ta emot, utan också om att ge. Det är fortfarande så att de flesta flickor lär sig detta, medan moderna, emanciperade mammor tenderar att uppfostra sina söner till män som de knappast skulle vilja att deras döttrar gifte sig med. De sekunderas ofta av passiva fäder, som utgör dåliga exempel för sina söner.

En sådan förändring i förhållandet mellan barn och vuxen kräver mycket av föräldrarna. Jag har ännu aldrig upplevt att ungdomar inte rättar sig relativt snart, men ofta upplever föräldrarna att de hamnar i ett slags tomrum där de måste hitta andra sätt att uttrycka sin kärlek och omsorg på. Ännu ett exempel på hur barn ger inspiration till föräldrarnas personliga utveckling.

Men är det så de ska göra – ändra på sitt sätt att vara föräldrar?

Nej, inte nödvändigtvis. Det finns sällan anledning att förändra någonting i vardagslivet om de vuxna är nöjda och glada – alldeles oavsett vad vi experter anser och skriver. Men när de vuxna, som i detta fall, känner sig frustrerade och missnöjda är det deras ansvar att ändra kurs om de vill ha ett meningsfullt förhållande till sin son. Barn i alla åldrar samarbetar med sina föräldrar. De anpassar sig och går in i de roller som behövs eller som föräldrarna (ofta utan att vilja det) visar upp för dem.

Skolka från skolan

Kära Jesper Juul

Jag skriver till dig för att vi inte vet vad vi ska göra med vår snart femtonåriga dotter. Hon skolkar från skolan och läser aldrig läxorna. Hon är ofta ute på kvällarna och kommer sällan hem den överenskomna tiden (vi misstänker inte att det finns droger med i bilden). Vi har båda två högre utbildning, och vi understryker gång på gång hur viktigt vi tycker att det är med skolarbete och utbildning. Hon säger att hon inte kan se meningen med att gå i skolan och att hon inte har några planer för framtiden. Hennes syskon är skötsamma och duktiga i skolan. Vi har prövat allt från olika slags sanktioner, utegångsförbud och indragning av månadspeng, och vi skriker och gråter, tigger och ber för att få henne att göra läxorna och annat skolarbete. När det börjar bli dags för ett prov eller en uppgiftsinlämning försöker vi locka med olika saker för att få henne att sätta sig och läsa. Ibland sätter hon sig ner och läser en halvtimme, men i regel orkar hon inte ens ta med sig böckerna hem. Vi har erbjudit henne olika typer av läxhjälp, men hon tackar alltid nej till det.

Hennes betyg är frustrerande läsning, och de blir sämre och sämre för varje termin. Nu funderar vi på att bara låta henne vara i fred, så att hon själv kan fundera ut vad hon ska göra. Eller är det vår plikt som föräldrar att aldrig ge upp? Kan vi egentligen påverka de val hon gör i den här åldern, eller kan våra påtryckningar få motsatt effekt?

Förtvivlade föräldrar

Svar

Ja, era påtryckningar kan få motsatt effekt – det har de redan fått – men alternativet är inte att ge upp.

Som det är nu blir avståndet mellan er och er dotter större för nästan varje ord ni säger till henne. Det beror på flera saker.

För det första säger ni sådant till henne som hon redan vet och har vetat om i många år, och därför kan hon bara uppleva att ni tycker att hon är dum.

För det andra är ni mera upptagna av att vara ansvarsfulla föräldrar än av att ta reda på vem er dotter är och hur hon mår.

För det tredje har ni tagit över hennes framtida utbildning som ert eget projekt, och därför finns det ingen anledning för henne att själv bli projektledare. Eftersom ni inte vetvem hon är blir era anspråk på att veta vad som är bäst för henne naturligtvis inte trovärdiga – även om de generellt sett är förnuftiga.

Innan jag kommer till alternativet vill jag be er göra en liten fantasiövning. Föreställ er att en av er långsamt tappar lust, energi och motivation till att sköta jobbet, och ofta drömmer om ett helt annat liv. Vad skulle ni säga till honom/henne?

Skulle ni pressa på och prata om hur viktigt det är med pengar? Skulle ni hota med arbetslöshet eller skilsmässa? Sannolikt inte.

Även om sådana här kriser alltid oroar oss och gör oss konservativa till en början skulle ni förmodligen föra allvarliga timslånga samtal om hur er älskade skulle få ett bra liv – även om det kanske skulle se helt annorlunda ut än vad någon kunde föreställa sig. Ni skulle bli varandras sparringpartner, och det är exakt den roll ni nu måste försöka etablera i relation till er dotter.

Hon har i sin nuvarande situation inget behov av vare sig uppfostrare eller föräldrar som vet allt, utan vad hon behöver är hjälp och stöd att bli den människa hon är och gärna vill vara, utan att känna att hon sviker sina föräldrar och utan att få fem ton skuldkänslor med sig hemifrån.

Er dotter har under större delen av sitt liv vetat hur viktigt ni tycker att det är med skola och utbildning, och tro mig: hennes nuvarande beteende kräver inte bara stort mod utan också oanade krafter.

I hopp om att ni inte redan har förlorat hennes förtroende föreslår jag att ni sätter er ner tillsammans och lägger korten på bordet.

»Att du har tappat lusten att gå i skolan och inte längre ser någon mening med den har fullständigt slagit undan benen på oss. Det har gjort oss oroliga och olyckliga, och vi har varit så upptagna av vår egen oro att vi helt har negligerat dig och dina tankar och känslor. Vi hoppas du förlåter oss för det. Men nu måste vi försöka vara vuxna i stället för att spela föräldrar. Vi vet mycket väl att det är du som har ansvaret för din framtid, men vi vill gärna vara en meningsfull del av ditt liv och bidra med det vi har. Vad tycker du att vi ska göra?«

Liksom alla andra ungdomar kan er dotter allting själv, men hon bör inte göra detta själv och hon behöver mer än någonsin er obetingade kärlek och tillit. Inte er tillit till att hon blir som ni hade föreställt er, utan er tillit till att hon gör det bästa som hon överhuvudtaget kan göra för att bli en bra människa. Det betyder att hon måste lyssna på sin inre röst och dessvärre också att hon kommer att göra val som kommer att visa sig vara mindre kloka, men som hon ändå kommer att bli klokare av. Vid den tidpunkt i hennes liv då samhället har bestämt att hon ska suga i sig kunskaper kommer hon i stället att bygga upp visdom och livskunskap.

När våra barn konfronterar oss så stenhårt som er dotter gör just nu tvingas vi antingen agera med konformitet eller se oss själva i ögonen och ställa viktiga frågor, som till exempel:

Hur mycket av det vi säger och gör i förhållande till vår dotter gör vi i grund och botten för att upprätthålla vår egen självbild/image som goda, ansvarsfulla föräldrar? Och hur mycket av det är faktiskt menat som gåvor till henne sådan som hon är?

Vågar jag förlora fotfästet och sätta mina egna värderingar på prov och därmed befinna mig i samma existentiella osäkerhet och smärta som varje tonåring gör?

Er dotter sätter just nu sin existens på spel och står mitt i en uppgörelse med auktoriteter och normer, någonting som många människor orkar göra först långt senare i livet när stora kriser tvingar dem till det. Hon gör det inte mot er – hon gör det för sig själv! Ju mindre personligt ni tar det, desto bättre blir er relation till henne de närmaste fyrtio åren. Ni ska inte ge upp era egna normer, värderingar och drömmar; dem känner hon till och dem har hon samarbetat med de första femton åren av sitt liv. Hon möter inte de kommande tio åren oförberedd.

Ungdomar har inte så stort behov av föräldrarnas aktiva stöd och uppbackning när deras liv utvecklas på ett harmoniskt sätt och någorlunda i överensstämmelse med omgivningens krav och förväntningar. Det är när livet blir kaotiskt – svårt – och de måste kämpa för varje millimeter av sin nya identitet som de behöver det. Som erfarna vuxna vet vi ju att det finns två typer av vänner: de som vänder ryggen till när vi blir sjuka, skiljer oss, hamnar i kris eller blir arbetslösa, och de som håller fast vid oss och finns där för oss. Jag hoppas ni kan övertala er själva och varandra om att vara den sistnämnda typen av vänner för er dotter. Hon kommer att lida mindre om hon har er med sig i sin ringhörna, och det kommer även ni att göra.

Dialog för förändring

Tio familjer arbetar med Jesper Juul

Under år 2009 hölls ett tvådagars seminarium på Family-Lab med titeln »Pubertet – ett faktum, inte en sjukdom«. Under tre intensiva dagar talade tio familjer mycket öppet om sitt familjeliv, och de samtyckte till att låta sig filmas under förloppet. Det var mammor och pappor samt ungdomar mellan tolv och tjugo år som sökte nya vägar för sin gemensamma vardag. De familjer som är med i den här boken vill ha en gemenskap som uppfyller deras behov av samhörighet och trygghet, liksom deras behov av växande, självständighet, frihet och utvecklingsmöjligheter. De vill trivas tillsammans utan att offra sin integritet i förhållande till de andra familjemedlemmarna. Det gäller såväl ungdomarna som föräldrarna.

Dialogerna på följande sidor är i stort sett identiska med dem som bandades under seminariet. För att skydda deltagarnas privatliv har namnen tagits bort. I övrigt har endast få eller mycket varsamma ändringar gjorts. Det handlar om verkliga familjer med verkliga problem. Autenticiteten i samtalen, som ibland förlöpte långsamt och ibland snabbt, och den process som utvecklade sig ger läsaren möjlighet att reflektera och dra egna slutsatser. Hur påverkar olika typer av frågor och språkbruk? Vilken inställning gör jämställda samtal möjliga?

Fyra veckor efter seminariet kontaktades familjerna och ombads ge återkoppling, en uppmaning som de flesta hörsammade. Deras svar återges direkt efter de olika samtalen.

Familj 1

Bonusfamilj, ansvar och regler

Närvarande: mamma och hennes son (15) *och två döttrar* (16 *och* 19), *pappa och hans son* (13)

JESPER JUUL: Jag skulle vilja att någon av er två föräldrar inleder och berättar om det tema ni valt.

PAPPA: Problemet är att ingen i vår familj har så stor lust att ta ansvar. Alla har sina behov, alla har sina önskemål, alla har sina egna intressen, men det gemensamma blir det alltid lite hur som helst med, det kommer i andra eller tredje hand och kan till och med vara fullständigt likgiltigt. Vad kan vi göra för att det som gäller det gemensamma ska bli lika viktigt som de egna behoven?

JUUL (TILL MAMMAN): Skulle du vilja säga lite om det här också?

MAMMA: Vi är en bonusfamilj. Jag tycker det är påfallande hur ansvarsfulla mina barn var mot varandra förut, när de hjälpte till eller när vi lagade mat tillsammans. Var och en gjorde sitt, frivilligt. Men nu har det blivit så att de sätter sig till bords som på ett hotell, och de vill helst inte göra någonting, enligt mottot: »Det är inte mitt jobb, det är ditt.« Jag får veta: »Det är du som är mamma, du får göra det.« Sedan bråkar vi. Jag är mamma, men jag är inte uppasserska för hela flocken, och jag vill inte ha det så. Jag vill inte vara tjänstehjon, utan jag vill att barnen också ska ta ansvar och göra saker och ting frivilligt. Men det gör de inte.

JESPER JUUL: Hur länge har ni sex bott tillsammans?

MAMMA: Vi har bott tillsammans i två år. Det är fantastiska barn. De klarar skolarbetet själva till exempel. På det området är de mycket ansvarsfulla. Men så snart det handlar om det gemensamma så fungerar det inte alls. Det är totalt kaos därhemma. Ingen orkar arbeta i köket längre och ingen orkar vara med och laga mat. Det måste vara någon som tar ledningen. Och huvudtemat är måltiderna. Jag tycker det är viktigt, och jag kräver också att vi äter minst en måltid tillsammans. Om barnen fick bestämma skulle de överhuvudtaget inte delta vid måltiderna. Var och en skulle laga sin egen mat och ta med in på rummet. Ren reträtt.

JUUL: Okej. Försök berätta lite om hur det var i början. Var det en lång övergångsfas innan ni flyttade ihop allesammans? Hade ni pratat mycket om det dessförinnan eller inte alls? Hur gick det till?

PAPPA: För min del var det så här: Ungefär ett år efter att vi (*de vuxna*) hade lärt känna varandra tyckte jag att det var dags att flytta ihop. Jag sköt upp beslutet länge – för min sons skull också. Det skulle ske efter skolavslutningen på våren, för han hade en del med sig i bagaget: skolbyte, lärarbyte och sådana saker. Därför hade jag funderat ordentligt: Ska vi eller ska vi inte. Men att ha en flickvän i andra änden av stan, det kändes helt otänkbart för mig.

MAMMA: Vi berättade för barnen att vi tänkte flytta ihop. Att jag hade en ny pojkvän och att jag gärna ville bo tillsammans med honom. I början tyckte mina barn bara att det var roligt. De var fullständigt öppna och hade ingenting emot det. Men jag måste erkänna att vi inte har satt oss ner och sagt: nu är situationen si och så. Vi hade däremot tänkt igenom vilket rum var och en skulle ha.

JUUL: Många tycker att sådana rundabordssamtal är lite obehagliga och konstiga, för det handlar ju om att vara tillsammans, om kärlek, och då borde det ju inte vara nödvändigt med den typen av formella samtal. Men jag tror att det i en familj som er är mycket viktigt att man har det ibland. Inte för att lösa problem, utan bara för att höra hur alla egentligen mår. Hur går det för oss två? Hur går det för barnen? För här är det uppenbarligen två familjekulturer som har slagits ihop. Var och en med sina förväntningar, och dessa uppfylls inte. Så är det.

MAMMA: Ja.

JUUL (TILL UNGDOMARNA): Okej, då skulle jag vilja höra hur ni ser på det. Familjens två vuxna har nu sagt att de inte känner sig nöjda med vissa saker. De säger inte direkt, utan indirekt, att de mycket väl kan tänka sig att ni allesammans visade lite större ansvar för gemenskapen. Och nu skulle jag vilja höra hur ni ser på det?

DOTTER (19): Jag är faktiskt inte heller särskilt nöjd med vår gemenskap, för det var annorlunda förut. När vi till exempel åt tillsammans gjorde alla någonting. Jag tycker själv att jag gjorde rätt mycket hemma förut, men även om jag tar min del av ansvaret för gemenskapen blir jag behandlad som ett barn. Det tycker jag inte är okej.

JUUL: Okej. Tack.

PAPPANS SON (13): Jag tycker egentligen inte att vi har några problem. Jag tycker bara att det är lite knäppt med alla regler man måste lyda. Det är lite som i ett fängelse. Man måste hålla sig till reglerna, och om man gör fel så blir man straffad. Om man glömmer hjälpa till med matlagningen får man inte äta med de andra. Det är sådant som irriterar mig.

JUUL: Okej. Kan du ge mig ett par exempel på vad det är för regler?

PAPPANS SON (13): Ja, kylskåpet. Till höger finns en grön avdelning som är det som ska ätas först. Till vänster ligger det som vi inte får äta ännu.

MAMMANS SON (15): Jag tycker inte heller att vi samarbetar så bra. Jag är sån att om det blir för mycket så går jag in på mitt rum, till datorn. Jag är datorfreak. Det är många regler, men det är inte så svårt att lyda dem. Det handlar både om små och stora saker, men det går bara man vill.

MAMMANS DOTTER (16): Jag tycker inte heller att vi samarbetar så bra. Vi (*ungdomarna*) går in på våra rum allihop när vi kommer hem. Sedan kommer vi ner antingen för att äta eller för att hjälpa till att laga mat. Och det tycker jag faktiskt är ganska irriterande, även om jag har vant mig vid det nu. Sedan är det alla de här reglerna. I själva verket är det inte så många, men jag tycker att det borde kunna fungera utan vissa av dem.

JUUL: (*till föräldrarna*): Vad tänker ni när ni hör det här? Vad är budskapet?

PAPPA: Alltså, det budskap jag hör är att det egentligen inte behövs några regler. Att det finns en stark önskan om att vara självständig, handla självständigt, agera självständigt. När jag sedan hör att det är många regler som inte alls behövs undrar jag varför de i så fall finns. Så vitt vi kan se är de i stort sett nödvändiga. Det går ju alltid ut över fyra (*de fyra barnen*). Den ene rättar sig inte efter en viss regel, den andre inte efter en annan – och det är inte bra för samarbetet. Hur ska man bete sig i en familj? Man tar av sig skorna, städar efter sig, sådana saker.

JUUL: Nu argumenterar du igen. Det jag skulle vilja veta är: Vad hör du när du lyssnar på barnen? Vad gör det de säger för intryck på dig?

PAPPA: Att reglerna är onödiga och oönskade.

JUUL (TILL MAMMAN): Okej. Och du?

MAMMA: Alltså, jag hör att det trots allt fortfarande finns en önskan om en gemenskap. Min äldsta dotter blir tjugo nästa gång, och det går inte att ha samma regler för alla. Jag hör att man egentligen inte behöver reglerna, att det inte finns så många regler och att man egentligen lika gärna kan rätta sig efter dem.

JUUL: Och vad tänker du då?

MAMMA: Jag tänker att *jag* inte heller tycker om reglerna. Vi borde kunna klara oss med överenskommelser. Man måste kunna säga ja till en regel, men nej till någon annan. Och nästa gång kan ett nej bli till ett ja. Att reglerna inte ska lydas till punkt och pricka. Men att vi löser det tillsammans.

JUUL: Okej. Jag hör någonting annat. Jag hör att det gemensamma vi talar om helt enkelt inte existerar. Det finns ingenting gemensamt, och det innebär att det så att säga inte finns något bord som man kan placera allt på och säga: »Här är mitt bidrag.« Och det är ofta så det är. När jag fick mina första erfarenheter som familjeterapeut, och det är trettio till trettiofem år sedan, sa tonårsföräldrar ofta: Våra barn uppför sig som om deras hem vore ett hotell. Och ofta var hemmet inte mycket bättre än ett hotell. Det behöver inte betyda att det är dåligt. Det kan till exempel finnas en väldigt hög servicenivå eller många olika typer av tjänster. (*Skratt.*)

Försök se det framför er: Vi vill gärna äta tillsammans, men ingen handlar eller lagar maten. Det finns alltså ingen gemenskap. Jag tycker att det är väldigt, väldigt viktigt att ni alla sex sätter er ner tillsammans i trekvart eller en timme (och jag tror att ni behöver göra det flera gånger) och pratar om att här har vi alltså en gemenskap. Det handlar inte så mycket om hur länge ett sådant möte ska vara, men det är enligt min mening viktigt att alla medlemmar får sagt: »Jag vill gärna bo här tillsammans med er, jag vill gärna vara med om att bygga upp en gemenskap och jag vill gärna bidra till det här hemmets speciella kultur.« Men det kan inte betraktas som en demokratisk process. Det handlar alltså inte om att alla ska få vara med och bestämma. Och det är mycket viktigt att de vuxna hör vad barnen vill och vad de inte vill. Om vi tog temperaturen på er just nu, om vi frågar: »Hur mår vi egentligen?« Då tycker alla, så som jag hör det, att här är lite kallt. Temperaturen skulle gärna kunna vara lite högre. Men det kräver ett visst arbete. I en kärnfamilj finns alltid någon form av kärlek. Det kan man inte räkna med här. De båda vuxna känner naturligtvis kärlek till varandra, men det behöver inte barnen göra. Om man vill uppnå det behövs någonting mer, och ni har båda två varit frustrerade i ett par år nu: »Vi har inte kunnat skapa en gemenskap. Det fungerar inte.« Och jag tror att varje familj, varje gemenskap, behöver en uppsättning regler för att vissa processer ska komma igång. Men man kan inte använda regler till att lösa problem. Det går inte. Då blir det som du säger (*vänder sig mot pappans son*), som i ett fängelse. Då är det ingen gemenskap.

Jag skulle till exempel börja från början nästa vecka och ställa frågan: Vilka familjemedlemmar har vi? Vad vill de? Vad har de för föreställningar? Vilka behov har de? Vad vill de? Vad vill de inte? Vad vill ni två (*vänder sig mot föräldrarna*): Vad går ni med på och vad går ni inte med på … Och efter en timme (eller två eller tre) vet alla vilken typ av gemenskap ni har. Då har vi byggstenarna så att säga. Då vet vi hur fakta ser ut – till skillnad från era drömmar, fantasier och önskningar. Barnen är ju inte längre barn. De har presterat ett och annat för att göra sina föräldrar glada, och det betyder att en jämbördig gemenskap ska byggas upp. Annars går det inte. Då dyker naturligtvis frågan upp: Vad är egentligen ansvar och vad består det av? Och vi blandar ofta ihop saker och ting, nämligen ansvaret för det gemensamma och ansvaret för det som gäller en själv.

Så är det. Det är också våra erfarenheter inom psykologin. Man kan inte vara medlem i en gemenskap särskilt länge utan att bidra. För om man inte bidrar förlorar man sin värdighet. För sin egen mentala hälsas skull måste man bidra med någonting (*vänder sig till mamman*): Jag tror att man som tretton-, sjutton- eller tjugoåring ska ha ansvar för någonting.

En gång gjorde jag en kort lista, och jag anser att från tolv års ålder bör unga människor veta hur man tvättar. De bör veta hur man gör, hur man sorterar tvätten, hur man stryker och så vidare. De kan också ta ansvar för matlagningen: »Jag kan handla och laga mat själv när det behövs.« Unga människors ansvar rör också deras arbete, alltså skolan: »Jag tar själv ansvar för min skolgång.« Det handlar om läggningstid, den tar jag själv ansvar för. Det vill säga när jag går och lägger mig och när jag går upp. Om jag behöver hjälp säger man: »Pappa eller mamma, kan ni vara snälla och väcka mig i morgon?«

Då får man som förälder själv ta ställning till om det är någonting man vill göra, alltså som förälder får man överväga: Kan jag göra det med kärlek eller vänlighet? Eller blir jag lite sur? Jag anser att det här är personliga grundbehov. Dessa bör barnen ta ansvar för själva.

Om de övertar ansvaret kan man naturligtvis diskutera detta efteråt och säga: »Okej, jag går med på att det är mitt ansvar att jag får någonting att äta, men det vore bra om *du* lagade maten.« Eller: »Det skulle egentligen vara bra om jag var med och lagade mat ibland, men jag tycker inte det är särskilt roligt, och det är i alla fall ingen som vill äta det jag har lagat. Kan jag inte få göra någonting annat i stället?« Idén är: »Jag är ansvarig för det gemensamma.« Det vill säga, jag är också ansvarig för att delta i det gemensamma när jag inte längre vill göra det eller det, eller om jag kanske inte hinner med det i morgon. Det har barn användning för som vuxna.

Nu kan de alltså öva sig på att ta ansvar för sig själva, hitta sina egna gränser, behov, värderingar och så vidare. Och du har ju till exempel sagt: »Det är inte riktigt sant att jag inte ställer upp på den där mammarollen som barnen har i sina huvuden – jag ljuger lite, för jag ställer ju faktiskt upp på den, även om det är motvilligt.« Det är väldigt viktigt att det inte kan missuppfattas! För om vi ser dig som en förebild så ser barnen en kvinna som varje dag gör någonting som hon egentligen inte är intresserad av, och hon blir mer och mer frustrerad. Då är man ju ingen bra förebild, och jag tror att det är mycket viktigt för att de båda döttrarna senare i livet ska ha relationer utan detta evinnerliga: mammor sätter inga gränser, mammor har inga behov, mammor ska alltid vara snälla och så vidare.

Det är ett fängelse. Det betyder att du (*vänder sig till mamman*) måste uttrycka dig tydligt och att du måste ta ansvar när du sätter dina gränser. »Det där gör jag inte!« Och då ska du inte göra det heller. Det är viktigt, för det är inte så att barnen är listiga och tänker: »Hon snackar bara, det går över och i morgon får vi mat igen.« Så tänker faktiskt inte barn. Men det är möjligt att de tänker så här: »Man behöver inte ta henne riktigt på allvar.« Och det är det du måste se upp med.

Det är mycket enklare för barn och vuxna att ta en annan människa på allvar än det är för dem att ta en regel på allvar. Regler fungerar ofta inte. Det är okej med vissa regler, dem kan vi prata om. Men ingen tycker om att behöva göra någonting för att det är en regel. Jag vill gärna göra någonting (eller inte göra någonting) för att jag tar dig på allvar som människa, och jag har respekt för dina gränser, värderingar, behov och så vidare. Jag tror att det är det vi allihop vill ha ut av en gemenskap. Och om gemenskapen inte fungerar så skapar vi vissa regler.

Jag tror att de vuxna måste börja: ni behöver sätta er ner tillsammans och prata om detta på allvar. »Vad skulle jag helst vilja göra för det gemensamma för att det ska kännas bra för mig.« Det är tillåtet att vara egoistisk. För när vi vet vad som är bra för dig, för mig och så vidare, så vet vi också vilken sorts gemenskap vi behöver. Innan dess vet vi inte det. Alltså kunde du till exempel säga (*vänder sig till mammans son*): »Jag vill faktiskt bara arbeta med min dator och vara i fred.« Det betyder: För mig är uppfostran över. Och det kan finnas olika åsikter om det. Ni två (*vänder sig till de vuxna*) är uppenbarligen väldigt olika, och därför är det särskilt viktigt att det även för de vuxna finns plats för det som de gärna vill göra.

Så skulle jag börja. Sedan kommer det arbete ni ska göra var och en för sig (*vänder sig till mamman*): »Det går helt enkelt inte längre.« (Det är inte meningen med mitt liv, har du sagt till mig.) »Det här rollspelet fungerar inte längre.« Jag är hotelldirektör, kökspiga, städerska, receptionist med mera. Och det vill jag inte vara längre. Och nu säger jag till dig att du ska sluta upp med att alltid säga »skulle gärna«. Det fungerar inte i en familj, det fungerar på bageriet och sådana ställen. Det heter: »Jag vill.«

MAMMA: Okej, ett nytt ord. (*Ler.*)

JUUL: Vi säger sådant för att vara artiga, för att skapa god stämning. Det fungerar delvis, men för det mesta fungerar det inte alls. Ska det verkligen vara nödvändigt att säga »vill«? Ja, det ska det. Samtidigt måste du vara ärlig mot dig själv och inte säga: »Jag är si och så, och det har jag ingenting för. Därför ska ni *allihop* vara si och så.« Det skulle betyda att alla skulle rädda mamman eller bonusmamman. Det gör de inte. Nej, du ska rädda dig själv, och med hjälp, hoppas jag. (*Mamman ser på sin man och ler.*) För annars blir alla offer, precis som du själv. Det var ett litet föredrag om ansvar. Känns det meningsfullt för dig?

MAMMA: Ja, det gör det. Vi har redan haft rundabordssamtal. Jag vet inte riktigt hur ofta vi ska ha sådana. Ska det vara som en ritual eller bara vid behov?

JUUL: Jag tror det kan löna sig att ha samtal en gång i månaden under ett till ett och ett halvt år. Och man ska känna av förändringen, för det är ansträngande också, det handlar inte om demokrati. Det handlar om att bli förtroliga med varandra och att kunna säga: Okej. Vad tycker ni just nu, vad tycker du och du och du? Hur nöjda är vi? Och så arbetar man utifrån det. Därför är det viktigt att man inte gör som i skolan. Alltså, ingen överlärare som sitter på bordskanten och säger: »Jaha, nu är det alltså så och så och så … och till nästa gång gör vi det och det och det bättre.« Det är inte så det ska gå till.

Ni bor tillsammans därför att ni båda vuxna har förälskat er i varandra. När var och en får tala om vad den behöver tar alla intryck av det, och sedan bearbetar ni det under de närmaste veckorna, och så ser världen annorlunda ut nästa gång. Men det finns inga garantier för att det ska lyckas. Sådant kan man inte bestämma i förväg.

PAPPA: Det som är påfallande är att det går upp och ner. Och så är det jämt. Sedan står vi bara där och tänker: Vad är det nu som är fel? Vi kan till exempel vara sex personer i köket. Det handlar om normal samvaro, man lagar mat tillsammans, en röjer upp, en dukar, helt normalt. Alla är på gott humör. Vi har kul, det är bra stämning, det är faktiskt riktigt trevligt, och det blir en trivsam måltid. Då tänker jag: Fint, toppen, så borde det alltid vara. Och man får ett intryck av att de andra också gärna vill ha det så, för jag tror faktiskt att alla känner att de är en del av alltihop. Men dagen efter – eller ibland bara tre timmar senare – säger det »blupp« som en såpbubbla och allt är borta. Vad hände? Och så står jag där och skulle vilja ha det tillbaka.

Jag är en familjemänniska, och det är jag glad för. Jag är också alltid beredd att hjälpa till med olika saker, även om det egentligen inte passar mig just då. De kan alltid komma och säga: »Skulle du kunna hjälpa mig med en sak? Jag skulle behöva …« Det spelar ingen roll om det gäller att få skjuts eller att laga en cykel – det är sak samma. Det är visserligen bra, men jag skulle vilja att det var självklart att hjälpa varandra, att man kunde kräva det.

Om jag till exempel behöver hjälp av någon av de andra går jag artigt fram och säger: »Skulle du kanske kunna ... om du har tid?« Jag skulle vilja att man inte behövde det i vår gemenskap. Men det sker väldigt, väldigt sällan.

JUUL: Alltså, jag måste säga till dig att du fortfarande talar om en gemenskap som inte existerar.

PAPPA: Kanske för att jag så gärna vill att den ska göra det?

JUUL: Nej, jag tror faktiskt inte att det är därför. Du har berättat om ett par av dina viktigaste värderingar. Du är familjemänniska. Det är viktigt, och nu krävs det bara att dina egna barn – och de nytillkomna – också får möjlighet att berätta för dig vad som gör det svårt för dem att vara en del av familjen tillsammans med dig.

PAPPA: Det är en bra fråga. Jag frågar ofta mig själv samma sak. Vad gör jag, eller vad är min del, eller var är jag på något sätt ...

JUUL: Det betyder inte nödvändigtvis att det är så det förhåller sig. Det betyder bara att det är bra att veta. (*Skrattar.*) Och det är sånt man bör veta i en uppbyggnadsprocess. Man måste ha någonting gemensamt, men först måste en känslomässig gemenskap byggas upp, och det innebär att kontakten mellan er spelar in – till exempel konflikter. Det är det man bygger upp det på. Du ser på mig som om det vore nonsens.

PAPPA: Nej. Nej. (*Skrattar.*)

JUUL: Er historia är ju som tur är bara två år gammal. Det är alltså möjligt för er att börja om på nytt. För det finns inga stora, obearbetade, personliga problem mellan er, så vitt jag kan förstå. Föräldrarna vill gärna ha en gemenskap. Det handlar om barnen, de vill egentligen också gärna ha det, men det behövs ett ledarskap. Det klarar inte barnen av själva. De behöver föräldrar som uppför sig trovärdigt. Och det betyder inte strängt, argt, häftigt eller så, utan det betyder att de båda vuxna också får säga att det inte är lätt. »Det var så trevligt i torsdags. Varför kan det inte vara torsdag varje dag?« För att det inte kan det. Sådant kan man inte styra över. Det finns så mycket god vilja hos barnen, trots att de är väldigt olika, och därför behöver även de olika saker. En del kan de få, annat kan de inte få. Det gäller även de vuxna. Men det måste vara någorlunda tydligt.

Ungdomarna är alla på väg ut i livet. De är inte intresserade av att bli en fullvärdig del av gemenskapen. De är faktiskt mer upptagna av att ta reda på hur man tar sig ut. Det är en annan viktig faktor. Det betyder att det måste finnas ett tydligt, definierat ledarskap. Men det råder inga tvivel om att denna familj är er familj. Så är det. Barnen önskar er bara gott båda två. Men då får mamma inte vara så överflexibel och pappa bör kanske vara lite mer flexibel – jag är inte helt säker. (*Skratt.*) Det finns vittnen.

PAPPA: När man ser det utifrån ser det ju inte alltid ut som man själv tror.

JUUL: Ja, det är väldigt svårt att se sig själv utifrån. Och jag vet också efter den här halvtimmen att du är mycket flexibel inuti ditt huvud, och att du har erfarenhet. Men du uppträder ofta på ett mycket auktoritärt sätt, och det gör det inte alltid så lätt för de andra tror jag. Men vi är aldrig enkla. Så är det bara.

PAPPA: Vem är intresserad av att vara enkel? … (*Paus.*)

JUUL: Det var mitt första, omedelbara intryck, och om någon av er sitter och tänker: Det har han fått helt om bakfoten, så skulle jag vilja veta det. »Skulle vilja« räcker inte. Jag vill att ni antingen säger ja eller nej. (*Till ungdomarna*): Tycker du att jag har rätt? (*Mammans son nickar.*) Och du? (*Den nittonåriga dottern nickar.*) Och du? (*Till den sextonåriga dottern.*)

DOTTERN: Ja, det tycker jag. (*Pappans son nickar.*)

JUUL: Och mitt förslag var: Ni börjar om på nytt allihop och träffas en gång i månaden och pratar om det. Vill alla vara med eller är det någon som inte vill?

DOTTER (19): Alltså, jag vill, bara *jag* slipper se till att … (*Pekar på föräldrarna.*) Det ska *de* göra.

JUUL (TILL MAMMAN): Är det din äldsta? Hon är farlig, förstår du det? (*Skrattar. Till dottern*): Jag ska anförtro dig någonting och ge din mamma chansen att bli en ny förebild utan att ta för mycket ansvar. För vi är ju båda två överens om det: Det är inte ditt jobb! Just nu är det bättre att försöka finna sig själv än att vara snäll. Vad innebär det då? Att inte alltid bara vara snäll.

Jag kallar en sådan människa för en »tandläkare«, för om det finns ett hål så kommer du genast. Precis som din mamma. Det finns två tandläkare i familjen och många hål. (*Skratt.*) De fyra ungdomarna här är väldigt olika. Det kan man inte göra något åt. Att skapa en gemenskap av det här är inte enkelt. Det behöver inte betyda att det är svårt, det betyder bara att det tar tid. En ny gemenskap kommer också att jämföras med hur det var förr, och hur lång tid vi egentligen har tillsammans och så vidare. (*Till föräldrarna*): Men ni har båda två klarat av att ge era barn en bra uppfostran. Det är uppenbart. Okej, tack så mycket.

Återkoppling från familjen fyra månader senare

DOTTER (19): Redan den första helgen efter seminariet tänkte jag att nu kommer det att hända någonting därhemma. Känslan av gemenskap var större än förut, vi lagade mat tillsammans och vi intresserade oss för varandra allihop. Det var underbart att se att vi kunde ha det så bra tillsammans. Tyvärr varade det inte så länge. Som Jesper rådde oss blev vi kallade till ett »rundabordssamtal«, och om jag har förstått det rätt skulle avsikten med det vara att alla berättade hur de tyckte att det gick, hur han eller hon mådde just då. Som vanligt kunde vi inte låta bli att kommentera vad de andra sa, och därför slutade det hela i en lång, tröttsam och idiotisk diskussion. Alla kände sig nog frustrerade och irriterade efteråt.

Alla vi ungdomar är överens om att våra föräldrar behandlar oss som barn, men förväntar sig att vi uppför oss som vuxna. De menar tydligen att vi bara ska göra som de säger. Vi har hamnat i en ond cirkel. Den ene lutar sig mot den andre, för om de andra inte gör någonting för gemenskapen så behöver ju inte jag göra det heller.

Familj 2

Gräl och konflikter, självständiga barn, familj och gränser

Närvarande: mamma, pappa och deras två söner (9 och 12)

PAPPA: Det jag funderar mycket på är att det i stort sett fungerar väldigt bra så länge det är lugnt och saker och ting sker på ett sätt som alla är vana vid. Det är nog mest jag som tycker att våra barn är okej bara de inte utsätts för utmaningar eller hamnar i vissa situationer. Så fort de måste lämna den inslagna vägen och göra någonting på ett annat sätt, eller om det uppstår en situation som de inte är vana vid, som de inte har vuxit upp med, protesterar de väldigt snabbt, och atmosfären blir så gott som genast spänd och högljudd.

JUUL: Kan du inte uttrycka det på något annat sätt? Jag tror inte att jag förstår riktigt hur du menar.

PAPPA: Det kan till exempel vara så här att så länge frukostbordet står dukat på samma sätt varje dag och allt finns där, så går det bra. Men om det fattas någonting en morgon kan det leda till att hela stämningen tippar. Det var bara ett exempel på frukostsituationen. Det kan också vara så att dagens tilldelade tevetid inte respekteras, och det kan leda till att atmosfären i familjen blir väldigt spänd. Det finns nästan ingen toleranströskel. Och jag känner att jag är särskilt hjälplös i sådana situationer, eftersom man skriker så högt och säger så många oförskämdheter att jag ofta inte klarar av att hantera det. Jag blir skrämd av allt detta grälande, och jag känner mig orolig för att jag en dag kanske inte alls förmår reagera gentemot familjen eller att det ska bli så våldsamt att det kanske förstör vår familj.

Vi är nog en grälande familj som i stort sett är harmonisk. När det blir bråk smälls det i dörrar, men vi blir alltid goda vänner efteråt. Vi är inte en familj som inte säger ett ord till varandra på två veckor eller som går och ruvar över en konflikt i flera dagar, inte alls. Vi är väldigt impulsiva och sedan anstränger vi oss att bli goda vänner igen. Men jag är orolig för att denna impulsivitet, kanske när barnen blir lite större, helt enkelt förstärks i en sådan omfattning att vi inte längre kan hantera den.

JUUL: Har det alltid varit så eller är det någonting nytt?

PAPPA: Det har faktiskt alltid varit så. När de var små rörde det sig om trots, de skrek eller stampade i golvet, men nu handlar det om avsiktliga förolämpningar: de riktar in sig på hur de kan komma åt föräldrarnas ömma punkter, hur de kan få dem att gråta eller hur de kan provocera den ena föräldern så att han eller hon blir rasande. Jag ser alltså redan nu en fortsättning på det beteende som barnen hade när de var små. Om det kommer att fortsätta så här oroar jag mig för vad som kan hända. Det kommer kanske att sluta i någon form av våldsam konflikt, för jag märker att jag inte är helt säker på hur jag ska förhålla mig.

JUUL: Okej. Nu vill jag gärna höra din beskrivning.

MAMMA: För mig är det största problemet att vår äldste son och jag ofta grälar. På grund av hans ålder och begynnande pubertet blir det så att vi står och skriker åt varandra, och jag står inte längre ut med ordvalet. Jag vill inte att det ska vara så här. Jag accepterar och tycker också att det är helt normalt att vi kan gräla, det hör till, tror jag. Jag vet bara inte var jag ska dra gränsen när jag blir provocerad av eller irriterad på ett visst språkbruk.

JUUL: Okej. Kommer du ihåg när det skedde senast?

MAMMA: Sedan vi berättat att vi skulle gå på det här seminariet har vi inte grälat. (*Skratt.*)

JUUL: Vädrar vi morgonluft?

MAMMA: På sistone har jag faktiskt funderat på varför vi kommer hit just nu. Grälen uppstår ofta när vår äldste son anser att jag säger eller gör vissa saker för att vara elak mot honom, trots att jag faktiskt gör det av kärlek.

JUUL: Till exempel?

MAMMA (TILL SONEN): Om jag till exempel frågar dig om dina läxor och du säger: Vi har inga läxor. Men så ringer läraren och säger du inte har gjort läxorna på två gånger, och när jag då frågar dig vad som är fel heter det: »Du vet absolut ingenting om skolan. Det angår dig överhuvudtaget inte!« Och då måste jag ju säga att jag måste reagera när läraren ringer mig, och så håller vi på, fram och tillbaka, tills vi kommer till: »Du ska inte säga någonting om mig, och du är …« Och sedan kan jag inte behärska mig … Sedan blir det som vanligt. Tills det blir smäll i dörrarna. Om jag vänder mig om och går? Jag vet ärligt talat inte vad jag ska göra. Jag är av den åsikten att man gott kan gräla, men man måste på något sätt behålla respekten, och det är min uppfattning att vår son saknar all form av respekt. Även i skolan – alltså inte bara gentemot mig – utan i stort. Dessutom uppstår ofta konflikter mellan de båda bröderna, och vår äldste son använder tre fjärdedelar av dagen åt att reta sin lillebror. Och jag vet inte varför han gör det. Jag tror ofta att det är någonting som avleder. Den yngste har långt hår nuförtiden. Det hade den äldste också när han var i den åldern – i tre hela år – och ändå får den yngste höra ungefär tio gånger om dagen att han liknar någonting han inte är, och att han borde klippa sig.

SON (12): Det borde han ju. När vi åkte hiss på hotellet kom det in en man och sa: »Kan du flytta på dig.« Och så kom det in en kvinna, och hon trodde att brorsan var en flicka.

MAMMA: Ja, det är ett typiskt exempel, och varje gång säger jag att vi …

SON (12): Jag tycker det är störande!

MAMMA: Han skäms för sin lillebror. Men när han var i samma ålder var det exakt samma sak som med hans lillebror i dag. Då hade han också långt hår, och det försöker jag förklara för honom varje gång: det är hans brors ensak, det är hans hår och hans frisyr, och han tycker om att ha det på det viset. Och att ingen tio gånger om dagen sa till *honom* att han var efterbliven när han hade långt hår.

SON (12): Jag hade inte långt hår när jag var nio!

MAMMA: Det är situationen i ett nötskal. Så är det, och det leder till … ja. Och på det sättet börjar måltiderna ofta också. Vi sitter vid bordet och så säger han: »Du är skitful i det där håret.« Och det tål vår yngste son naturligtvis inte. Det är svårt, och jag vet inte när jag ska ingripa. När bordet är dukat och alla har satt sig brukar jag säga: »Nu vill jag ha matro.« Då kommer det i regel tre, fyra eller fem kommentarer till. Jag kan säga fem gånger: »Nu vill jag ha matro«, och ändå får jag inte det. Frågan är, var sätter jag gränsen? Tar jag min tallrik och går ut ur köket? Eller är det barnen som ska ta sina tallrikar och gå? Eller vad?

JUUL (till den äldste): Har *du* något förslag?

SON (12): Det är typiskt mamma att räkna upp alla exempel och så göra en halv roman av det.

MAMMA: Precis. När jag försöker tala med honom om det stänger han öronen: »Nu tjatar du igen.«

SON (12): Det gör du ju också (*Skratt.*)

MAMMA: Sedan är det frågan om eget ansvar. Någon gång förra hösten sa vi: Nu får du själv ta ansvar för din skolgång. För med honom (*den äldste sonen*) har problemet alltid varit att han ofta glömmer bort att läsa läxorna. Det är inte så att han glömmer bort tiden eller sitter och drömmer. Så vi har sagt: Okej, nu klarar du det själv. Och jag måste erkänna att det är mycket svårare att släppa taget och hålla sig utanför än att säga: Nu gör du det och det. Det hela har slutat med att min son nu måste säga: »Har du lust att hjälpa mig med läxorna?« Betygen är så dåliga att någonting måste ske. Antingen måste han göra det själv, eller … Han har insett nu att han hanterar det egna ansvaret på ett sådant sätt att han inte gör någonting alls numera. Han har hamnat längst ner, och på gymnasiet kommer räkningen. Och när räkningen kommer så är frågan: Hur klarar man av den?

JUUL: Hur gick det till den gången? När ni överlät ansvaret på honom?

MAMMA: Jag har en väninna som jag ofta pratar med på yogan, och hon har talat om eget ansvar och att han kan sköta skolan själv. Som jag beskrev det nyss. Våra barn har till exempel egna väckarklockor. De ställer dem själva och går upp, och jag måste säga att det fungerar väldigt bra. Det är bra. Det är bara i skolan det inte fungerar så bra.

PAPPA: Rent konkret så kontrollerar vi inte hans hemarbete längre, vilket tog lång tid förut och satte sin prägel på eftermiddagen. Kontroll av vilka läxor som skulle göras och kontroll av de läxor som hade gjorts. Det lämnade vi ifrån oss och sa: Det här måste du styra över själv.

MAMMA: Ja, jag är också nöjd med det, för jag hade ingen lust att göra det längre.

JUUL: Nu kommer min fråga. Var det så att säga en gemensam process? Var er äldste son införstådd med detta? »Ja, nu övertar jag det.« För det stämmer ju att han själv kan ta ansvar. Barn kan allt själva, men för det mesta inte ensamma. Och det låter som om han inte klarar av det ensam just nu. Själva ansvarsövertagandet är mycket, mycket viktigt. Det ska inte vara så att föräldrarna säger: »Nu klarar jag inte det här längre, nu får du ta ansvar för det själv.«

MAMMA: Nej, så var det inte. Det är inte så att jag inte klarar det. Det handlade snarare om min tillit till honom. Det var snarare att jag kontrollerade för att jag inte litade på honom. »Vi har inga läxor, jag behöver inte göra någonting.« Och sedan låg det i alla fall ett skriftligt prov med ett dåligt betyg i ryggsäcken och ett brev från skolan, men han hade ju sagt att han inte hade några läxor i franska, och plötsligt låg det ändå ett brev där. Det är därför jag inte längre litar på honom.

JUUL: Jag undrar var vi egentligen ska börja i hela den här historien. Nu när jag har hört alltsammans känns det som en väldigt gammal historia. Jag har en idé, nämligen att ledarskapet från allra första början på ett eller annat sätt har varit otydligt eller en aning orealistiskt, eller kanske har familjens äldste son väldigt svårt att göra sina föräldrar nöjda. (*Till den äldste*): Har du alltid upplevt det så, att dina föräldrar egentligen inte är nöjda?

SON (12): Du frågar om jag har upplevt det någon gång?

JUUL: Nej, inte någon gång, utan på det hela taget.

SON (12): Egentligen inte. Det har jag faktiskt inte.

JUUL: Det har du alltså inte? Du är alldeles säker på att de är helt nöjda?

SON (12): Ja.

JUUL: Bra.

SON (12): Ja, faktiskt. Bara inte med skolan.

JUUL: Det är bra. Men jag har fortfarande svårt att förstå det. Jag tror att er son behöver en viss ordning, ett system som han så att säga kan arbeta med eller emot. Just nu håller jag med den äldste när han säger: Varför måste vi prata så mycket om det? Varför göra det till en halv roman? Det är som det är, och det finns minst två temperamentsfulla personer i den här familjen.

MAMMA: Ja, vi är väldigt lika varandra, och det gör att det går hett till, men det har jag inga problem med. Mitt problem är när min son säger till mig att jag är »a pain in the ass«, det har jag problem med, plus att jag inte vet var jag ska dra gränsen. Vi kan gräla, vi kan för min del gräla fem gånger om dagen.

JUUL: Du vet egentligen väldigt bra var du vill dra gränsen.

MAMMA: Ja, när min son blir för grov i munnen när vi grälar.

JUUL: Enligt min erfarenhet kan jag bara ge ett råd: Som förälder bör man inte ta sådant personligt. (*Skratt.*)

MAMMA: Det har jag hört förut, och då tänkte jag: Okej, och då blev det faktiskt också bättre. Jag hetsar inte upp mig så mycket. Och han vet ju mycket väl att han provocerar mig genom att säga så.

JUUL: Jag vet inte om er son har en strategi i sådana situationer som går ut på: hur ska jag nu kunna knäcka mamma. Det tror jag inte. Men situationen utvecklar sig, och jag tror inte att det kan vara på något annat sätt. När jag hör era exempel är det inte så att jag tänker: Gud, befria oss från detta, det är ju sjukt. Det är helt fel.

MAMMA: Efteråt kramar vi varandra, och då säger han: »Ibland tycker jag så mycket om dig och ibland är du bara så hemsk.« Så det är säkert inte så lätt.

JUUL: Nej, just det.

MAMMA: Det är inte heller så att vi grälar så här varenda dag. Det kan vara bra under en period och allt bara fungerar, men så kommer det kanske en dag då ett par stycken sådana gräl uppstår. Och när vi gör det tre eller fyra gånger på en dag tänker jag: Nu börjar puberteten, och vad händer då?

JUUL: Just det. Och kanske ändå inte. För det är ofta så att ingenting händer de första tolv, tretton åren, och så kommer det väldigt plötsligt. Det kan också vara så att det alltid har varit på det sättet, och året efter är det över. Det är inte så lätt att säga.

MAMMA: Ibland säger min son: »Jag behöver dig inte längre på det sättet, eftersom jag har blivit äldre, kan du inte förstå det?« Och han har ju rätt.

JUUL: Man kan oftast sköta skolan på egen hand när man är elva eller tolv år gammal, men man måste vilja det själv. Man kan också kontrollera status efter tre till sex månader: Hur går det? Fungerar det eller fungerar det inte? Ska vi överta ansvaret igen? Behöver du hjälp? Min känsla är att ansvars övertagandet har gått lite för snabbt i er familj.

MAMMA: Ja, det var den kvällen när jag hade träffat min väninna, och sedan låg jag och tänkte hela natten. På morgonen sa jag: »Bra, vi gör så.«

JUUL: Okej. Det fungerar inte så.

MAMMA: Men det var utan tvivel så att någonting måste ske.

JUUL: Ja, det gjorde det också. Men det fungerade bara inte.

MAMMA: När det gäller att gå upp på morgnarna har det fungerat väldigt bra. Det var så irriterande att behöva ropa tio gånger: »Gå upp nu!« och »Kom ner nu!« Man gör väl inte sina barn en tjänst om de kommer för sent till bussen tre gånger och inte har varit i skolan på fem dagar, och de säger: »Jag har försovit mig så jag kommer inte till skolan.«

JUUL: Eget ansvar kan ges på två sätt. Antingen kan barnet säga: »Nu är det slut, nu behöver jag inte dig som mamma på det gamla sättet längre. Nu klarar jag det själv.« Eller så kan föräldrarna komma och säga: »Nu får det vara nog. Jag känner mig så frustrerad över att vi måste bråka om det här varje dag och så vidare, och jag orkar inte det längre.« Alltså: »Jag vill inte ha det här ansvaret längre.« Det är rätt sätt att börja på. Men sedan kommer det avgörande samtalet då man avsäger sig ansvaret, och man frågar: Vill du ha ansvaret? Vad tycker din son om det? Föreställer han sig att han kan klara av det på egen hand? Eller behöver han hjälp? Av vem? Och till vad?

Och sedan kan man ju som sagt utvärdera det hela ett par, kanske tre eller fyra, gånger om året då man frågar: »Hur går det egentligen?« Betyget är en bra mätare på om det är någonting som inte fungerar. Jag vill alltså att vi talar om vad vi gör med ansvaret för skolarbetet och vilken hjälp er son behöver. (*Till pappan*): Jag vet inte riktigt. När du talar om det (i ditt första exempel) och när din fru talar om det, menar du då att det är en kamp som hans mamma får ta?

PAPPA: Jag menar naturligtvis att det mest är min fru och vår äldste son som bråkar. Jag grälar också med honom, men inte lika intensivt, men visst, det kan också gå tufft till. Problemet eget ansvar intresserar mig: I vilken mån ska man tidigt i livet vänja sig vid att ha skyldigheter – alltså behöva göra någonting för att ta ansvar för sig själv? Jag får ofta intrycket att våra barn har vuxit upp i ett mycket skyddat bo utan särskilt många plikter.

Men när de *måste* göra någonting, även om det bara är småsaker som att borsta tänderna, leder det ofta till protester, trots att det ju är någonting som man måste göra varje dag och inte kan smita ifrån. Mitt intryck är att vi kanske redan väldigt tidigt försummade att ge våra barn skyldigheter för skyldigheternas skull, att vänja dem vid att det finns saker som man helt enkelt *måste* göra.

Och det är kanske en bra utgångspunkt när det handlar om det egna ansvaret, eftersom man ibland måste göra saker och ting som man kanske inte gillar. Därför får jag ibland ett intryck av att våra barn saknar just denna erfarenhet, eftersom allt bara fanns där. Allt bara sköttes. Ner till minsta detalj. Antingen det handlade om tvätt, att kliva upp på morgonen, mat, hygien, allt. Det är vi (*föräldrarna*) som alltid har stått för allting.

JUUL: Jag tror egentligen inte att det finns något samband mellan eget ansvar och skyldigheter. Båda sakerna är viktiga, men har egentligen ingenting med varandra att göra. Du talar om dessa plikter och skyldigheter som någon sorts övningar.

PAPPA: Ja, att man måste få uppleva sådant som: »Det och det *måste* jag göra.« Och senare, i samband med det egna ansvaret: »Det och det *måste* jag göra för min egen skull.« Vinsten kommer senare även om jag inte orkar bry mig just nu. Det är den frågan jag har ställt till mig själv, om det kanske är därför det är så svårt för våra barn att klara av en uppgift.

JUUL: Jag tror inte att det har med vartannat att göra – jag tycker det här var svårt, väldigt svårt. Antingen ställer jag fel frågor eller så hör jag dåligt. Nu gör jag ett nytt försök och då säger ni (*föräldrarna*) vad ni tycker om det – om det är så som ni också ser det.

Jag får ibland intrycket att ni föräldrar säger: »Vi försöker alltid först göra det goda. Vi vill göra det på ett snällt, vänligt och trevligt sätt, och när det inte fungerar blir det bråk, och då vet vi inte riktigt vad vi ska göra.« Det stämmer kanske inte alldeles, för du säger (*till pappan*): »Då vet jag inte vad jag ska göra«, och du säger (*till mamman*): »Egentligen vet jag precis vad som måste göras, men jag orkar faktiskt inte.« Dessa evinnerliga bråk. Har jag uppfattat det rätt? Är det så ni tänker? (*Nickar.*) Hm, ja, okej. Det är lite farligt, för ofta fungerar det inte med det goda, och när vi då försöker med det motsatta så fungerar inte det heller. Alltså, till exempel: »Du måste borsta tänderna.« När man har sagt det tio gånger och det fortfarande är bråk om det, så kan man lära sig någonting av det. Och det är? (*Paus.*)

PAPPA: Tandborstning är någonting som jag har svårt att överlåta åt barnen, men de ska inte belönas för det heller. Jag ser det så här: Det måste göras.

JUUL: Okej. Av det kan man lära sig att de flesta människor här i världen (och det gäller även barn) inte tycker om när någon säger: »Nu måste du …« Och i synnerhet inte om man har så mycket kampvilja som er äldste son. Det är ingen som ska komma och tala om för honom vad han måste och inte måste. Det bestämmer han själv.

MAMMA: När det gäller honom är det inte tandborstningen, utan allt möjligt annat.

SON (12): Vad då för något?

MAMMA: När du ska göra läxor heter det: »Ja, snart. Jag gör dem snart …«

PAPPA: Det där med tandborstningen klarar han perfekt, det är snarare hans brors problem.

JUUL: Så i själva verket finns det kanske två med kampvilja.

MAMMA: Ibland tänker jag: det kan ju inte stämma. Ett par saker måste de väl kunna göra.

JUUL: Ja, det tror kvinnor alltid … Vissa saker, jag vet inte riktigt vad det är, fungerar inte mellan föräldralaget och barnlaget.

MAMMA: Jag har alltid trott att det måste ha någonting att göra med auktoriteter. För vår son har alltid varit sådan, på dagis med dagispersonalen, i skolan med lärarna, och även i familjen anses han ha väldigt stora problem med att erkänna auktoriteter. Jag frågar mig själv: Vad har jag gjort för fel när det gäller det eller det? Min son säger: »Jag har ingen respekt för dig, och du gör inte heller någonting för att jag ska få det.«

JUUL: Skulle du vilja förklara det där lite närmare?

MAMMA: Om vi till exempel är inne i en affär och han frågar: »Vad tycker du om den här tröjan?« Och jag säger: »Jag tycker inte den är snygg, men om du tycker om den är det bra, det är ju din smak.« Då får han känslan av att han inte kan tycka att tröjan är snygg, bara för att jag inte tycker om den, och så börjar vi bråka.

SON (12): Så är det inte. Jag tar tröjan för att jag tycker den är snygg. Det tycker inte du, men för det mesta säger du det som om just den tröjan var den fulaste du sett.

MAMMA: Det stämmer inte, jag säger bara att den inte är i min smak. Jag kan ju inte säga att den är snygg när jag inte tycker det.

JUUL: Men hör du vad han säger?

MAMMA: (*Tänker.*)

JUUL: Din son säger: »För mig är du en stor auktoritet.«

MAMMA: För att han gärna vill att jag ska tycka att den är snygg.

PAPPA: Nej, han vill höra din åsikt.

JUUL: För att det är väldigt viktigt för honom vad du tycker. Just nu vet jag inte om er son har problem med auktoriteter eller om det är auktoriteterna som har problem med honom. (*Skratt.*)

MAMMA: Det är det som är frågan.

JUUL: Om jag har förstått det hela riktigt så har han ju rätt. Som vuxen måste man förtjäna ett barns respekt, och det han ibland säger till auktoriteterna är: »Du har inte förtjänat min respekt.« Eller: »Jag har inte automatiskt respekt för dig bara för att du är vuxen eller lärare eller mormor, eller vad det nu kan vara.« Har jag fattat rätt? (*Nickar.*) Okej, jag behöver tyvärr gräva lite i det förflutna. Hur var det i början? Vilka tankar, vilka känslor hade du de första veckorna när ni hade era sammandrabbningar?

MAMMA: Jag minns bara att jag tänkte att det var tidigt, att jag kände mig provocerad och inte visste vad jag skulle göra. Det var samma sak när han var väldigt liten. Om det blev för mycket av någonting så kröp han in i ett annat rum för att vara ensam. Jag kommer också väldigt väl ihåg när han var liten – mindre än ett år – och inte längre ville sova middag. I dag kan jag säga att det var dumt av mig att tänka: Han ska sova. Det blev en ond cirkel – om han inte sover nu så … jag kommer väldigt väl ihåg den känslan. Jag stod där och tänkte: Nu *måste* han sova, det går inte det här. Den känslan minns jag mycket väl.

JUUL: Och det finns säkert femton eller tjugo liknande saker, eller hur?

MAMMA: Det har alltid varit svårt. I varenda grupp har han haft sociala problem. På dagis, i skolan och nu problemet med sin bror. Han provocerar gång på gång …

JUUL: Det är helt olika saker. Jag får mer och mer en idé, en föreställning om att er son redan från början har varit mycket självständigare än de flesta barn. Det jag hela tiden hör är: han är bra på att sätta gränser för sig själv, han är bra på att säga vad han vill och vad han inte vill och det var han redan från början. Han är också väldigt stark. Och det betyder att det mesta som vi som föräldrar, vuxna eller pedagoger erbjuder, i form av kärlek, omsorg och stöd, det vill han inte ha. Är det riktigt? Eller är det någonting jag bara tror? (*Föräldrarna nickar.*)

Så är det alltså – okej. Då har jag ett förslag. Det är inte för sent ännu. Det är aldrig för sent, men det här är ett bra tillfälle. (*Till sonen*): Du är tolv? Er son måste man tala med, diskutera med, och man kan föreställa sig att han inte är tolv utan trettiotvå. Det betyder att man inte ska spela pappa eller mamma. När ni gör det får er son krupp, han klarar inte av det. Det är svårt för honom eftersom han så ofta känner sig ensam och övergiven, och det är också väldigt svårt för föräldrarna – ibland också för pedagoger och lärare – eftersom man så att säga står med en hel korg eller ett hjärta fullt av gåvor som man gärna vill ge honom, men han vill inte ha dem. Och vad kan man då erbjuda? Det är naturligtvis väldigt svårt, för vi har ju inte så många alternativ.

Jag har redan talat lite om att man måste fungera som sparringpartner när puberteten kommer, och när det gäller självständiga barn kan man egentligen göra det redan från början. »Jag säger vad jag tycker.« Alltså: Han har valt en tröja åt sig själv, han frågar dig vad du tycker och du säger: »Jag skulle inte vilja ha den själv, men jag ser att den passar dig.« Det hade varit ett svar, och då kan han välja och även intressera sig för din smak och säga: »Jag tycker det är en läcker tröja. Varför tycker inte du det?« Det är bara ett litet, dumt exempel. Jag brukar säga att man kan sätta en tallrik framför de flesta barn och säga: »Varsågod och ät.« Och då äter barnen. Men så är det inte med den här pojken. Här måste man ha en buffé. Då kommer han när han är hungrig och väljer det han vill ha.

Det finns ju så mycket kärlek och god vilja hos er båda. Men er son kan inte använda detta. Om jag får säga det lite tydligare, och det säger jag inte för att vara oförskämd: i själva verket fungerar inte kärleksprocessen mellan er. Den fungerar ibland, var och en av er vet att den finns där, men den har mycket större potential än så. Det finns mycket mer hos er föräldrar som er son mycket väl skulle kunna ha användning för, och det finns mycket i honom som han skulle kunna ge tillbaka. Man måste på fullt allvar föreställa sig att han är vuxen.

När jag säger att det normalt sett är för sent att uppfostra barn i tolvårsåldern så har det egentligen redan alltid varit för sent i ert fall. I vanliga fall kan man egentligen bara köra på och så är det kanske besvärligt i ett par år. Men i ert fall bör ni sluta. Det är samma sak som att ge honom cornflakes varje morgon, och just cornflakes tål inte er son, han blir sjuk av dem. Jag skulle kunna använda fler bilder, men just nu skulle jag vilja veta: Hur låter det här för er båda? Stämmer det bara delvis? Eller stämmer det inte alls?

MAMMA: För mig stämmer det väldigt bra. De senaste veckorna har jag verkligen haft en känsla av att det går åt det hållet.

JUUL: Jag har skrivit lite om det i boken *Konsten att säga nej*, som handlar om barn som är födda sådana. Man kan ju som förälder fundera på om man själv var sådan som barn?

MAMMA: Jag var det.

JUUL: Du var själv sådan. Okej, då är det åtminstone inget mysterium. Och vad gjorde dina föräldrar? Lyckades dina föräldrar »knäcka« dig?

MAMMA: Det tror jag inte. Min mamma sa för en två, tre år sedan: »Det har alltid varit väldigt svårt att integrera dig i familjen.« För två år sedan började jag med yoga, och sedan dess har det gått mycket bättre för mig att inordna mig och jag känner mig mer harmonisk.

JUUL: Det som din mamma säger är: »Jag har egentligen aldrig riktigt förstått mig på dig.«

MAMMA: Det gör hon fortfarande inte ibland. Men jag förväntar mig inte det heller.

JUUL: Det behöver hon inte heller.

MAMMA: Nej, det behöver hon inte heller.

JUUL: Men som föräldrar till ett litet barn vill vi ju naturligtvis gärna göra det. Och så är det även här. Er son låter sig bara integreras när han känner: »Jag kan vara den jag är, och man behöver inte tala om för mig att jag ska vara på något annat sätt.« Han får överhuvudtaget inte »sättas i bås«. Man kan vara ärlig, alltså öppen, och säga: »Nu gör du mig vansinnig« eller »Nu går jag, annars klipper jag till dig.« Sådant kan man säga, men man kan inte placera honom i ett bås och säga: »Du är sån och sån«, då, »pang«, slår han tillbaka.

Denna press kan (och jag säger *kan*) vara en del av förklaringen till att han hela tiden är på sin lillebror. Han behöver lätta på trycket på något sätt. (*Till sonen*): Först måste jag känna mig säker och jag frågar dig: När jag talar om dig, känner du då igen någonting av det jag säger?

SON (12): Ja, faktiskt.

JUUL: Innebär det: Ja, nästan helt?

SON (12): Ja, det kan man nog säga.

JUUL: Okej. Då kan vi börja. Ni har humor allihop. Så låt oss säga så här: Från och med i dag har vi ett nytt barn. Detta barn ska vi lära känna. Pojken har hittills klarat sig med vårt stöd och med det lilla vi har kunnat erbjuda. Han klarar sig i skolan och så vidare. Betygen är visserligen inte särskilt bra just nu, det är en annan historia, men försök föreställa er vad han skulle kunna klara av om han hade allt han kunde använda? Om han inte alltid behövde kämpa? Då finns många, många möjligheter.

Man kan som förälder säga rent ut till honom: »Jag har förstått vad Jesper sa, jag vet mycket väl att jag inte borde säga det här, men jag är tvungen för det bränner på tungan. Jag måste säga det – du behöver inte lyssna, men jag *måste* säga det – att si och så …« Vi behöver som föräldrar också uppleva att vi själva är värda någonting.

Vi kan inte bara säga: Okej, det får han klara själv … Han behöver uppfostran, absolut, men inte på ett sådant sätt att han blir behandlad som en liten besvärlig unge. Utan som en trettiotvååring, jag kan inte uttrycka det på något annat sätt. Det är svårt att föreställa sig, för han är ju inte så gammal. Man kan gå till honom som till en vän och be honom ge återkoppling. »Jag upplever det som att jag bör umgås med dig på det och det sättet. Vad tycker du?« Man kan använda honom som rådgivare i samband med föräldrarollen. Han vet exakt vad han behöver och vad han inte behöver. Det är det speciella med sådana här barn. De vet precis, men de vill lika lite som alla andra vara ensamma. (*Paus.*)

Ja? Vi skulle naturligtvis kunna prata mycket mer om detta, men nu tror jag vi tar en paus. Det här är ju så ovant och nytt. Alla behöver vänja sig vid det och se vad som kommer ut av det.

PAPPA: Stort tack för samtalet. Det fanns många fruktbara aspekter på det.

JUUL (TILL SONEN): Ha det så bra.

SON (12): Tack.

Familj 3

Skolproblem och tillit

Närvarande: mamma, pappa, deras gemensamma dotter (16)

JUUL: Vem av er vill börja?

MAMMA: Det kan jag göra. Mitt centrala tema är skolan. Jag säger »mitt« centrala tema, för jag vet inte hur jag ska hantera att det går så dåligt för vår dotter i skolan samtidigt som hon säger att hon själv tar ansvar, vilket hon på sätt och vis också gör. Jag har snart gjort allt – kontroll, hjälp, extrahjälp, självhjälp, och nu – det senaste halvåret – reträtt. Jag ser så tydligt att det snart inte går längre. Hon kanske blir tvungen att sluta skolan, och jag vet inte om jag har gjort rätt genom att dra mig tillbaka och bara vara åskådare.

JUUL: Har *du* något svar?

DOTTER: Ja, jag tycker att min mamma oroar sig för mycket, för jag sköter skolan själv, men hon ska alltid försöka kontrollera mig och jag klarar inte det – absolut inte.

JUUL: Vad betyder att du inte »klarar« det?

DOTTER: Jag hatar när någon vill bestämma över mig. Då gör jag ingenting alls.

JUUL: Ditt förslag är …?

DOTTER: Ja, vänta.

JUUL: Vänta? Och det betyder också att förhålla sig passiv?

DOTTER: Ja, det gör det väl. Det vet jag inte. Jag tycker inte att det är ett lika stort problem som mina föräldrar gör. Jag tänker inte så mycket på det.

JUUL: Det förstår jag mycket väl, men nu talar jag inte om vilka problem *du* har eller inte har i skolan. Utan om din mamma. Din mamma sitter här och säger: »*Jag* tror att det finns ett problem här och jag vet inte vad jag ska göra.« Om jag har förstått det hela rätt så säger du: om du frågar mig: så lite som möjligt.

DOTTER: …

JUUL: Jag förstod inte. Var det ett ja eller ett nej?

DOTTER: Ja.

JUUL: Okej.

MAMMA: Jag menar att detta har pågått hela skolåret, och det har varit väldigt slitsamt för mig. Det har gått dåligt hela året och jag vet inte hur länge lärarna har tålamod med det. Det är som ett damoklessvärd, som uppenbarligen bara svävar över *mitt* huvud och inte över min dotters. Jag har sagt till henne att hon alltid kan komma till mig och be om hjälp, men jag hjälper inte till självmant, för då måste jag sätta mig in i ämnet.

Erbjudandet om att vi gemensamt ska försöka få hjälp (vi har prövat det också) står fast. Jag vet inte om jag kan spänna ett mer finmaskigt skyddsnät under henne. Hur långt ska jag gå? Är det nu vi ska diskutera om skoltiden är över? Hon kanske inte vill gå kvar i skolan alls.

Det är en fråga som upptar mig ständigt. Och det som min dotter sa nyss har jag hört så många gånger, och jag anser att jag har rättat mig efter det under det här skolåret. Också av ren egoism. Det är tidskrävande att oroa sig för skolan, och jag har andra saker att ägna mig åt. Som bara angår mig. Ändå är det till mig lärarna vänder sig. Jag blir förvånad när lärarna kontaktar mig, eftersom jag har dragit mig tillbaka. Lärarna ringer och ger mig raka besked.

JUUL: Och vad säger du då?

MAMMA: Jag har talat med en lärare som förstod mig fullkomligt, eftersom han själv har två söner hemma som är likadana. Jag vet inte vad jag kan erbjuda min dotter längre.

JUUL: En sak är säker: För att kunna lösa ett problem måste alla erkänna att problemet finns, och så är det inte här.

MAMMA: Det har du rätt i, och det är säkert skillnaden.

PAPPA: Jag tror att vi allihop förstår problemet, men utifrån olika synvinklar. För mig är det också ett problem. Att jag har svårt att hålla mig till det vi har bestämt oss för, nämligen att vår dotter ska bestämma själv och ta eget ansvar, och så ringer läraren och säger att nu har det varit disciplinsvårigheter igen, eller nu har hon fått dåliga betyg igen, vilket vi inte känner till. Och vi är inte heller överens om huruvida vi ska fortsätta att hålla oss undan eller om vi ska ingripa.

Vi hade till exempel svårt att få henne att gå upp i morse. Vi har egentligen för länge sedan kommit överens om att hon ska sköta det själv. Men jag kan inte låta bli att minst två gånger varje morgon gå in på min dotters rum och påminna henne om att det är dags att gå upp. Sedan blir jag sur på mig själv, för hon lyckas ändå ta sig hemifrån i sista minuten.

MAMMA: Även det är uppenbarligen bara vårt problem.

JUUL: Det tror jag inte att någon kan bedöma. Det finns några observationer och det finns händelseförlopp där båda föräldrarna säger: »Vi borde egentligen göra någonting åt det. Vi skulle vilja göra någonting åt det.« Men er dotter säger: »Det finns inga problem och jag vill inte ha någon hjälp.« Nu kommer så den stora frågan: I hur hög grad har denna utveckling förstört tilliten till er dotter under det senaste året?

MAMMA: Jag kan inte säga att jag har förlorat tilliten till min dotter rent generellt. Bara det som gäller hennes trovärdighet i förhållande till skolan. Det har förstört tilliten. Där finns inte mycket att bygga på. Det finns bara en förhoppning, men väldigt lite tillit. För övrigt är jag överens med vår dotter när hon säger att hon har kontroll över sitt liv. Det finns ju andra saker än trovärdighet och överenskommelser. I det fallet känner jag mig trygg och vet att hon klarar allt annat, bara inte skolan.

JUUL: Ska vi tala lite om tillit?

MAMMA: Okej.

PAPPA: Så är det inte för mig. Jag känner tillit till att vår dotter klarar av det hon vill klara av – även skolan. Och jag känner också tillit till att hon kommer att fortsätta gå i skolan, och det tycker jag är väldigt bra.

JUUL: Jag skulle vilja prata lite om denna tillit. För hon har frigjort sig från sitt förhållande till skolan och också till andra saker, skilt ut sig och gjort sig självständig, och vad kan man då egentligen erbjuda som förälder? Det är därför tilliten är så viktig, och inte bara i förhållande till skolan. Det måste finnas en grundläggande tillit till er dotter som människa, en tillit till att hon försöker göra det bästa möjliga av sitt liv. Men jag är inte så säker på om ni har den tilliten eller inte.

MAMMA: Det är inte jag heller. Om du menar att jag ska komma med ett tydligt svar så kan jag inte det. Om vår dotters liv betyder skola och utbildning är jag väldigt osäker. Om det handlar om att umgås med andra människor, gå ut i världen, stå på egna ben, så säger jag: Det är hon väldigt bra på. Motsäger det sig självt i dina öron? Jag har just suttit och tänkt på hur det låter.

JUUL: Det låter motsägelsefullt i mina öron. (*Skratt.*) Det är en halv tillit. Och jag vill egentligen inte säga någonting om huruvida det är rätt eller fel. Bara att utifrån min erfarenhet av tonåringar är tilliten det allra viktigaste. Jag behöver inte mina föräldrars tillit när allt går bra, men jag behöver den när det inte går så bra. Och tillit får inte betyda: Nu gör jag vad de två gamlingarna tror att jag gör. Utan det betyder, som jag redan har sagt: tillit till att jag, med de möjligheter jag har, med allt jag har fått av mina föräldrar, gör mitt bästa, att jag gör vad jag kan. Denna tillit är väldigt viktig. Man kan överleva utan den. Det är också en fördel att veta att tilliten inte finns.

MAMMA: Och det gör den inte vad mig beträffar?

JUUL: Inte i mina öron. Men ofta hjälper det om man säger det högt, så att man kan höra sig själv: Hur är det egentligen?

MAMMA: Finns delvis tillit? frågar jag mig själv.

JUUL: Både ja och nej, och det har egentligen ingenting med tillit att göra. Jag brukar ofta berätta följande historia. En gång var jag chef för sextio personer och anställde en datortekniker som var kronisk alkoholist. Han hade under femton års tid utvecklat ett mönster som innebar att han fyra till fem gånger om året drack under en halv dag. Efter det blev han sjuk och hamnade på sjukhus, och fjorton dagar senare kom han tillbaka.

Jag anställde honom, och på nio månader hände ingenting. Sedan går det fel och han kommer och säger upp sig. Jag frågar: »Varför?« Och han svarar: »Du kan ju inte ha förtroende för mig längre.« Jag svarade: »Du har mitt fulla förtroende! Jag anställde en alkoholist, och jag känner tillit till att du tre, fyra eller fem gånger om året gör ett sånt här stunttrick. Du har mitt fulla förtroende.« Jag förväntade mig inte att jag skulle komma som en annan gud och säga till en som har varit alkoholist i fyrtio år: »Du får gärna arbeta för mig, men då måste du sluta dricka.« Det stod ingenting om det i kontraktet, och det hade ju också varit helt fel.

Det är det det handlar om. Och om den här känslan: jag ser på min dotter och njuter av det. Min dotter är en underbar flicka. Bara min man och jag har kunnat åstadkomma en så underbar flicka. Vi är så lyckliga!

MAMMA: Öh (*Skrattar.*) Men ... jag har redan tagit till mig det där om mognadsprocessen (*tonåringars hjärnor*) – det handlar om konsekvenserna, för det är ju bara jag som ser konsekvenserna.

JUUL: Vem vet? Er dotter kanske lyssnar till tjugofem procent när hennes föräldrar talar om konsekvenser. Det kan man inte veta. Faktum är att det har funnits – jag vet inte hur länge – vissa konflikter när det gäller skolan, med läxor och sådant. Föräldrarna har varit bekymrade och prövat olika saker. De har sagt: »Vi måste göra någonting åt det.« Sedan har de återigen prövat olika saker, och det har inte hjälpt alls. Och nu har vi nått fram till en punkt där det bara finns en möjlighet kvar, nämligen att pappa sätter sig ner med sin dotter och säger: »Kan du inte för *min* skull göra din mamma glad.«

MAMMA: I fråga om skolan!

JUUL: Det handlar ju enbart om skolan! Det jag skulle vilja säga är: Er dotter har naturligtvis som alla andra sina gränser och begränsningar, precis som hennes föräldrar har. Och föräldrarna konfronteras nu med dotterns begränsningar och vet inte vad de ska göra.

Varje försök att förbättra situationen har misslyckats. Man kan som förälder bestämma sig för att det ska finnas två punkter på dagordningen: vår dotter och vårt projekt om att vår dotter ska bli bättre i skolan. Just nu har vi ingen framgång med vårt projekt, alltså slutar vi och släpper det. Vår dotter är intelligent, och vi behöver bara säga det en gång: »Om du behöver hjälp är du hjärtligt välkommen.« Så.

MAMMA: Skulle det räcka?

JUUL: Det vet vi inte. Men vi vet vad som är möjligt – vad som är realistiskt. Allt annat kan vi prata om i timmar utan att komma ur fläcken. Om vi ska följa din pessimistiska prognos till slutet kan vi föreställa oss att det kommer en tid då er dotter behöver sina föräldrar. Och då är det viktigt att båda föräldrarna finns där. Då duger det inte att sitta och säga: »Om du bara hade …« eller: »Var det inte det jag sa …« Man måste verkligen finnas där och säga: »Det här är min roll som pappa eller mamma – vi hade gärna sett att vår dotter hade behövt oss mera. Men det gör hon uppenbarligen inte just nu. Hon har kunnat använda sig av allt som vi har haft. Det har hon gjort. Nu finns det ingenting mer. Kylskåpet är tomt.« Och därför säger hon också: jag måste klara det själv.

MAMMA: Men ensam är ensam. Förr sa man att man inte skulle lämna barnen ensamma, men det beror väl på vilken ålder vi talar om, eller hur? Det är det här jag upplever som en balansgång: vad betyder ensam och hur mycket ensam?

JUUL: Tja – det är svårt att tala om det begreppet. För mig verkar det som om hon i vissa avseenden är väldigt ensam, och därför bör man inte alltid låta henne vara ensam. Men att bara vara i samma rum som en annan människa utan att spela mamma, det är svårt. Men det är också väldigt tydligt att hon med sin röst och sitt kroppsspråk säger: »Mamma, håll dig borta.«

MAMMA: Ja, det stämmer.

JUUL: Det är inte särskilt vanligt med *samtal* mellan föräldrar och barn. Det är föräldrarna som hela tiden ställer frågor om dagis, skola och så vidare, och de sju, åtta första åren svarar barnen på dessa frågor med långa berättelser och många detaljer. Därefter slutar de successivt. Sedan blir det ofta svårt: Tonåringar vill helt klart gärna ha kontakt, men de vill inte längre svara på frågor! För att *svara på* frågor innebär att göra sig sårbar.

Att *ställa* frågor betyder att man kan gömma sig bakom frågorna och inte bli sårbar. Och det är inte jämlikt. Ofta sitter man med en 15-, 16-, 17-åring och tänker: gode Gud, om jag inte frågade skulle jag inte få veta någonting överhuvudtaget och vad skulle jag då göra? Svaret är: då får man tala med varandra. Man får föreställa sig att jag just nu inte sitter med mitt barn, utan med min väninna eller min man. Vad skulle jag berätta för min väninna eller min man just nu? Har jag upplevt någonting? Har jag läst någonting? Har jag haft en bra eller dålig dag? Berättelser i stället för frågor.

Och när man berättar någonting, formulerar någonting, slutar man automatiskt upp med att spela mamma, för då talar man om sig själv och sina tankar och upplevelser, och slutar med att säga: »Du, du, du …« Det är som i telefon. När det säger »tut, tut, tut …« innebär det att det inte finns någon förbindelse. Det vet vi mycket väl, vi har bara glömt det. Det är någonting som vi måste öva på, men det är också det bästa sättet att bygga upp ett nytt förhållande. För förhållandet i betydelsen föräldrar–barn-förhållande är uppenbarligen över när det gäller er och er dotter. Det finns inte längre.

MAMMA: Det gör det ju särskilt svårt när barnet fortsätter att vara barn. Hotell Mamma och så vidare. Vi har redan gått igenom alltihop.

JUUL: Jag är sextioett och beter mig ibland som om jag vore sju. Det är inte bara tonåringar som gör så. Tonåringar är ju en blandning: »Nu måste du tala till mig som till en vuxen, men jag vill kunna uppföra mig som ett barn.« Den situatio-

men räddas förhoppningsvis snabbt av föräldrarnas erfarenhet, för sådant kan en tonåring inte begripa själv. Men detta kommer att upphöra, och sedan står många möjligheter öppna för ett nytt innehåll. Det tvivlar jag inte ett ögonblick på.

Men det här spelet, och jag säger inte spel för att vara ytlig, är över. Du har länge sagt till din dotter: »Här har du dina vitamintabletter.« Och din dotter har länge sagt: »Jag behöver dem inte.« Och så kommer du naturligtvis med din erfarenhet och säger: »Jo, det gör alla.«

MAMMA: Exakt. Och det ska jag inte?

JUUL: Nej, för då säger du: »Jag är inte bara missnöjd med hur du sköter skolan, utan jag tycker också att du är lite ointelligent. Därför säger jag samma sak varje dag för säkerhets skull.« Det går inte. Om det blir lite lugnare på hemmafronten kan det öppna upp för någonting annat. (*Till dottern*): Jag försöker just nu tala för din sak. Hur går det? Klarar jag det?

DOTTER: Ja, väldigt bra.

JUUL: Du får gärna rätta mig. Är jag bra eller bara ganska bra?

DOTTER: Det är du.

JUUL (TILL MAMMAN): Det var översättningen.

MAMMA: Ja, jag tror jag förstår. Det är ju inte helt främmande för mig. Det är övergången som är det svåra.

JUUL: Ja, den ser olika ut i olika familjer. Och i det här fallet gör det ju ont när er dotter försvarar sig så intensivt, för man tycker ju inte själv att man går till angrepp.

MAMMA: Men jag förstår mycket väl vad du säger.

JUUL: Men den smärtan måste ni leva med mellan er som föräldrar, inte som mor och dotter. Det är alltid lite sorgligt.

MAMMA: Ja, känslan av att vara överflödig spelar säkert också in.

JUUL: Men under förlossningen skrek du säkert också.

MAMMA: Visst gjorde jag det.

JUUL: Ja, det förstår jag. Det har hänt förr.

MAMMA: Jag har fått bekräftat vad jag redan hade börjat tänka själv.

JUUL: Tack.

FÖRÄLDRARNA: Tack själv.

Återkoppling från föräldrarna fyra veckor senare

MAMMA: Seminariet var tankeväckande och blev något av en lättnad för oss, bland annat för att vi diskuterade alla teman vi har till vardags. Det har gett mig mycket att höra de andra familjerna. Det har skett en del förändringar i vårt sätt att umgås hemma. Vår dotter är oftare med vid middagen. Själv strävar jag efter att säga vad jag tycker utan att komma med förbud eller befallningar. På så sätt mår jag bättre själv också. När det gäller det centrala problemet, vår dotters nästan gränsöverskridande förhållande till skolan, har vi inte gjort några framsteg. Situationen är oförändrad.

Familj 4

Kanoner och konfliktkultur

Närvarande: mamma, pappa, mammans dotter (14), *deras gemensamma dotter* (10). *Inte närvarande: två mindre döttrar* (4 *och* 1)

PAPPA: Mitt största problem är att det är så jobbigt för mig när flickorna börjar med sin tonårsjargong. Det har jag väldigt svårt att hantera, och jag känner mig totalt hjälplös. Vad ska jag göra? Hur ska jag hantera det? Hur ska jag reagera på det? Det är ett stort problem för mig, men jag vill samtidigt säga att barnen är underbara och klarar sig bra. Jag är verkligen stolt över dem. Men jag har svårt att hantera de där sakerna. Jag skulle behöva lite hjälp med det. Vad kan jag göra bättre? Hur förhåller jag mig bäst till det?

JUUL: Är det tema nummer ett, eller …?

MAMMA: Vi har inte riktigt bestämt vad som är vårt huvudtema. Vi har tagit bort många redan. Vi tog inte med våra båda minsta, eftersom de är för små. Vi är en familj med fyra döttrar med stora åldersskillnader, och det som är svårt för mig är balansgången mellan åldrarna. Och som min man redan har sagt: tonårsjargongen och alltihop … och våra småbarn – att få ihop alltsammans. Så det är full fart därhemma. Det kan du säkert lätt föreställa dig.

JUUL: Och har du något annat tema eller kan vi börja med det här och sedan gå vidare?

MAMMA: Det kan vi göra och så kan det kanske bli en övergång.

JUUL (TILL PAPPAN): Om du bara hade två meningar (du är normalt sett inte den som håller tyst, eller hur?). Två meningar. Vad skulle du helst vilja att dina båda flickor här sa om dig?

PAPPA: Ni är fantastiska.

JUUL: Det handlade inte om flickorna, utan om dig. Du har två meningar.

PAPPA: Det är svårt ... jag vet inte vad jag ska säga just nu. Jag kan inte uttrycka det. JUUL: Ta god tid på dig.

PAPPA: Jag kommer inte igång riktigt just nu.

JUUL: Okej, jag hjälper dig lite.

PAPPA: Ja, tack.

JUUL: Första meningen är: Det gör ont.

PAPPA: Jag har alltid haft svårt att konfronteras med så mycket oförskämdheter. I mitt barndomshem var det ingen som hjälpte mig eller gav mig några rättesnören. Och jag reagerar kanske för starkt.

JUUL: Allt du säger är okej, men det du gör är att analysera. Jag skulle vilja ha ett budskap. Nu har du sagt att det gör ont när de gör så. Vad skulle du vilja att de gjorde?

PAPPA: De skulle behöva vara vänligare. De får gärna vara otrevliga någon gång ibland, men de måste också vara vänliga ibland, inte så oförskämda.

JUUL: Stämmer det att lite mer vänlighet skulle räcka?

PAPPA: Ja, det gör det.

JUUL (TILL DEN ÄLDSTA DOTTERN): Kan du svara på det?

DOTTER (14): Ja, jag tror det. När jag håller på och grälar med pappa så skriker jag, och jag är kanske inte särskilt snäll för jag är väldigt temperamentsfull, men det är han också. När vi grälar är jag likgiltig, och kanske är det mer okej att *han* talar så till mig än att *jag* talar så till honom, för jag borde ju egentligen ha respekt för honom – och det har jag också, men så – när vi håller på och bråkar, så …

JUUL: När jag nu hör det du säger utan att känna dig, så tänker jag: Okej, när man slåss behöver man ju ett vapen, och som din pappa säger så händer det ju väldigt ofta att du skjuter med kanoner medan han föredrar en liten dampistol. Betyder det att din pappa känns så stor och överväldigande ibland att du blir tvungen att skjuta med kanoner?

DOTTER (14): Ja, alltså, oftast är han väldigt lugn, men när han tänder till, och det händer väldigt, väldigt sällan (för det mesta drar han sig undan), men när det händer så … Vi är väldigt olika, för han är inte min biologiska pappa. Mamma säger att jag liknar min biologiska pappa rätt mycket och att jag har ärvt hans beteende. Jag vet inte om man kan ärva sånt, men hon tycker att jag liknar honom rätt så mycket, och det är ju ett problem att jag oftare blir osams med pappa än med mina systrar, för jag är så annorlunda.

JUUL: Har du något förslag? Vänta, jag måste bara veta: hur länge har ni levt tillsammans?

DOTTER (14): Sedan jag var ett och ett halvt år gammal.

JUUL: Det är väldigt länge.

PAPPA: Hon är min dotter, det råder det inga som helst tvivel om.

JUUL: Och det fortsätter hon att vara – utan gener.

PAPPA: Noll gener.

JUUL: Har du ett förslag till din pappa på vad han kan förändra, så att du inte behöver skjuta med kanoner?

DOTTER (14): Om jag till exempel sitter vid datorn – det får jag egentligen bara göra en halvtimme tre gånger i veckan. Men jag sitter faktiskt mer än tre gånger i veckan, men det tycker jag för det mesta är rätt okej, med tanke på hur länge jag sitter där. Det säger mamma och pappa också. Men så kan pappa komma redan efter tjugo minuter och säga: »Nu får du sluta, det finns andra som också behöver använda datorn«, eller någonting liknande, och sedan sitter han själv där i tre och en halv timme på kvällen. Jag blir vansinnig då, att jag efter tjugo minuter får höra på ett sånt surt sätt att jag måste gå därifrån, och att ingen skriker på honom när han sitter där. Det är visserligen hans dator, men …

JUUL: Om inte den regeln fanns, hur skulle det då se ut? Hur länge skulle du vilja sitta vid datorn?

DOTTER (14): Jag tror att om den regeln inte fanns så skulle jag först göra allt som jag måste göra, och sedan sätta mig vid datorn (den står i vardagsrummet och alla går förbi hela tiden), kanske inte varje dag, men varannan – en halvtimme till trekvart.

JUUL: Jag frågar för jag tror inte att det är så svårt att förstå. När din styvpappa kommer som nån sorts polis så signalerar det mer eller mindre direkt att du är hans kriminella dotter. Och därför skulle jag vilja veta om det är så det är eller om du tror att ni kan klara er utan polis i familjen.

DOTTER (14): Jag gör inte alltid som han säger. Jag lyder mamma, men inte pappa.

JUUL: (*Skrattar.*)

DOTTER (14): För mamma kan vara så jobbig. Pappa är slappare, även på morgonen när jag ska gå upp. Om jag inte går upp så kommer pappa in tre eller fyra gånger, men jag ligger bara kvar, men så kommer mamma in en gång, och då går jag upp på en gång, för hon kan bli riktigt jobbig.

JUUL: Din mamma blir …? Jag hörde inte det där sista.

DOTTER (14): Mamma kommer in, och då vaknar jag på en gång, för hon kan bli riktigt jobbig.

JUUL: Alltså, din mamma blir jobbig om du inte går upp, och vad är den stora skillnaden?

DOTTER (14): Att pappa – det är på något sätt ingenting. Han kommer visserligen in och säger: »Nu måste du gå upp« eller någonting i den stilen, men då vänder jag mig bara om och somnar om.

JUUL: Okej.

PAPPA: Men du kommer till skolan, och det är det viktigaste.

DOTTER (14): Varje dag.

JUUL: Å ena sidan tar du intryck av det, å andra sidan tycker du att han är för mycket polis, och därför måste du använda dig av det tunga artilleriet.

DOTTER (14): Kanske inte precis polis, men det är lite konstigt. Vi har hästar, och om pappa säger att jag ska gå ut till hästarna så är det helt okej, men så kommer det nästan samtidigt: »Då kan du ju mocka samtidigt.« Jag går rätt sällan ut till min häst, och när jag gör det så får jag genast höra: »Du kan mocka samtidigt.« Därför låter jag hellre bli att gå ut dit eftersom jag blir tvungen att mocka också.

JUUL: Jag förstår. Det jag inte riktigt förstår, eller det jag undersöker nu, är: vad tror du att din pappa skulle kunna göra annorlunda med tanke på vad han egentligen vill?

DOTTER (14): Jag förstår inte vad du menar.

JUUL: Han beter sig på ett visst sätt gentemot dig, och antingen kommer du med kanonerna eller så tänker du: Jag bryr mig inte om vad han säger. Eller: Nu har jag helt tappat lusten att gå ut till min häst.

DOTTER (14): Det där med kanonerna är ju först när han blir helt hysterisk.

JUUL: Jo, men det är ju dina kanoner. Du har dem i munnen. Har du något förslag? Det måste du inte ha, men det är ofta så att föräldrar frågar *mig* i stället för sina barn. Därför är jag lite nyfiken och vill gärna veta om du har något förslag själv.

DOTTER (14): Jo, när jag sätter igång med någonting ska han inte komma redan efter fem minuter och säga: »Gå nu. Du måste sluta nu.« Alltså dator, teve, telefon och sånt. Det är bara med sådana saker och med hästarna som det är problem. När jag går ut ska min pappa inte säga: »Ta och mocka samtidigt«, utan jag måste få sköta min häst själv. Det vill han så klart att jag gör också. Han ska bara inte säga att jag ska mocka, utan jag vill sköta min häst.

JUUL (TILL PAPPAN): Låter det meningsfullt för dig?

PAPPA: Delvis, och jag har redan hittat en utväg. Det kan du ju bekräfta (*till dottern*), för jag har alltid hetsat upp mig fruktansvärt mycket när det gäller saker och ting som inte fungerar eller inte är i ordning. Men på sista tiden har jag slappnat av lite – jag har släppt lite på mina egna regler – och det mår vi faktiskt rätt bra av. Det går bättre.

JUUL: Nu har jag bara en fråga till. Och den är intressant: När er dotter blir »jobbig« och säger: Det kommer antagligen från min pappa, och två minuter senare beskriver sin *mamma* som jobbig, så ifrågasätter jag det lite. Kommer det jobbiga från mamma eller från pappa?

DOTTER (14): Det jobbiga kommer inte från pappa, det jobbiga kommer från mamma, men det andra – det att pappa och jag ryker ihop – det är för att vi helt enkelt är för olika, det kommer ...

JUUL: Nu talar du om din biologiska pappa.

DOTTER (14): Ja.

JUUL: Det blev lite rörigt. (*Till pappan*): Vad kan du göra? Det finns flera möjligheter. En man med fyra kvinnor eller faktiskt fem kvinnor ... Det är sannerligen inte lätt.

PAPPA: Egentligen går det väldigt bra. Jag blir bara lite stressad ibland. Men generellt sett kan jag inte klaga. De är helt fantastiska flickor allihop.

JUUL: Ja, men fantastiska flickor är inte lätthanterliga.

PAPPA: Det är ju någonting annat. De är inte lätthanterliga. Man måste ha nerver av stål ...

JUUL: Min erfarenhet är att man måste värna sig mot det.

PAPPA: När det gäller det ska jag nog arbeta lite med mig själv.

JUUL: Det enda sätt jag känner till, och det gäller inte bara i förhållande till tretton-, femton- eller femåringar, utan också i förhållande till trettiofem- och fyrtioåringar, det är: om du känner att det gör för ont, så gå din väg. Annars blir du bara skottavla för de andra. Man kan naturligtvis också använda sig av sina egna kanoner, men det hjälper inte alls i ert fall.

PAPPA: Då spårar det bara ur, och då blir det inte alls bra.

JUUL: Mitt råd är: gå din väg. Det finns ett gammalt ordspråk som lyder: »Man ska smida medan järnet är varmt« – men det gäller inte här. Här ska man vänta tills det blir kallt. Om det verkligen glöder, så gå. Annars bränner du dig, och din dotter kommer att känna skuld efteråt. På så sätt kan du faktiskt skydda er bägge, och det har ingenting med svaghet att göra. Det betyder inte: Jag kan inte kämpa, eller jag kan inte sätta gränser för mig själv. Utan: eftersom jag har överblicken går jag helt enkelt min väg. Det är ett förslag. Hur känns det för dig, om du funderar på det? Är det en möjlighet?

PAPPA: Det förslaget har jag hört förut eller hämtat någonstans inuti mig själv, och jag tror att det är den bästa lösningen för mig när det är tufft – att helt enkelt hålla avstånd. Och sedan börja om på nytt efteråt. För mig personligen är det det bästa sättet. Det har jag redan förstått.

JUUL (TILL DOTTERN): Jag måste fråga dig en sak: När du blir så där hetsig, hör du någonting då egentligen?

DOTTER (14): Nej.

JUUL: Det hjälper alltså inte om någon säger nej.

DOTTER (14): Det blir bara värre då.

JUUL: Ja.

DOTTER (14): Det har redan blivit bättre, tycker jag. För ett halvår sedan var jag nog mycket värre.

JUUL: Det förstår jag, och jag vet också att när du blir femtio har det blivit ännu bättre. (*Skratt.*) Men det handlar inte om att *du* är besvärlig, utan om att det är besvärligt för din pappa. Och om vad han kan göra. Han kan naturligtvis fråga dig och säga: »Kan du inte vara snäll och bara släppa det?« Svaret är: »Nej, när jag blir så där rasande så kan jag inte det.« Han ber dig faktiskt, och du säger: »Tyvärr, det kan jag inte lova.« (*Dottern nickar.*) Därför är han tvungen att skydda sig själv.

DOTTER (14): Det kan han ju också.

JUUL: Det har din pappa hittills inte kunnat.

PAPPA: Nej, nej, inte alltid.

DOTTER (14): Jag menar ... han är vuxen, trettiosju, och jag är fjorton. Min pappa har mycket mer erfarenhet, så då måste han på något sätt kunna klara sig själv. Jag menar, *jag* kan ju skydda mig mot *honom*.

JUUL: Ja, det gör du ju också, eller hur?

DOTTER (14): Men jag fattar inte varför inte han kan det? Det är ju inte så svårt, jag försöker alltid vara snäll mot honom.

JUUL: Du behöver inte nödvändigtvis förstå det. Du måste bara veta att det är så: Han kan inte det. Nu har vi kommit fram till att din pappa kan försöka gå sin väg när det börjar göra ont, så att det inte blir för svårt. Men din idé om att människor över trettio kan skydda sig själva stämmer inte. Så är det inte. Det betyder att du måste skydda de gamla i den mån du kan det. (*Skratt.*) Så vitt jag förstår uppfattar du det så här: »Jag är bara fjorton och därför har jag fritt spelrum. Jag behöver inte vara särskilt ansvarsfull, och så länge jag inte är det leker jag bara« – då deltar jag inte och vill det inte heller. Jag vill bara säga till dig att det inte är så. Man kan som barn eller ung människa säga någonting eller göra någonting som inte bara föräldrarna, utan även andra människor inte alls kan skydda sig emot, och som dessvärre också ger dem tankar och känslor av typen: »Jag kan inte säga sanningen om mig själv till mitt barn. Jag kan inte säga till mitt barn hur ont det egentligen gör.« Eller: »Jag kan inte gråta mitt framför ögonen på mitt barn« och sådana saker. Illusionen om hur det är att vara vuxen delas ju också av de flesta vuxna. Det är du inte ensam om. Men här talar vi om att begränsa vissa skadeverkningar. Om det inte sker, om din pappa inte ser till att värna om sig själv, kommer ni att få problem i ert förhållande till varandra. Inte nödvändigtvis ett stort problem, men ett problem som inte behöver finnas. Du frågade en intressant sak nyss, om man kan ärva sådant?

DOTTER (14): Kanske inte just ärva, men kopiera.

JUUL: Det är ofta en kombination. Du har levt tillsammans med din mamma i fjorton år och i tolv och ett halvt år med din styvpappa. Träffar du din biologiska pappa?

DOTTER (14): Sällan.

JUUL: Har det alltid varit så?

DOTTER (14): Nej, förut såg mamma till att vi träffades, men nu har jag blivit äldre. Men det är så mycket problem med honom.

JUUL: Nu kommer en svår fråga. Vem tror du att du liknar i fråga om egenskaper, personlighet och så? Liknar du mest mamma eller pappa?

DOTTER (14): Mest min pappa, tror jag.

JUUL (TILL MAMMAN): Vad tycker du?

MAMMA: Jag ser många likheter med mig själv, men det varierar. Just nu säger min dotter att hon liknar sin biologiska pappa rätt mycket. Det har jag sagt till henne själv också ett par gånger.

DOTTER (14): Ja , just nu, men inte alltid.

MAMMA: Just nu, men det växlar. Men det är faktiskt så att du är ganska lik din biologiska pappa.

JUUL: Hennes pappa?

MAMMA: Hennes biologiska pappa, ja. Det ser jag som ett stort problem i vår familj. Min nuvarande man är annorlunda, och det gör det svårt för oss.

JUUL: Jag tror också att det är lite orättvist fördelat mellan de två papporna. Kanske skulle du bråka lite mer med din biologiska pappa och inte så mycket med din styvpappa.

DOTTER (14): Jag bråkar ju inte så mycket med honom egentligen, men med min biologiska pappa törs jag inte bråka alls.

JUUL: Jag har förstått det.

DOTTER (14): Sist sa jag till honom att han uppförde sig som en tonåring, och då blev han skitsur och sa: »Bra, om du tycker det, så är det väl så. Men jag håller inte med dig.« Han uppför sig som min sexåriga syster.

JUUL: Men konsekvensen är att det ibland går ut över din styvpappa, lite mer än han egentligen har förtjänat, men det kanske måste vara så.

PAPPA: Det är okej, så måste det väl vara. Vem ska hon annars gå till? Inte till sin biologiska pappa.

JUUL (TILL MAMMAN): Vi har lite tid kvar om det är någonting annat du vill prata om.

MAMMA: Det är inte så lätt det här med puberteten. Jag tror också att min äldsta dotter låter mycket gå ut över sin styvpappa, fastän det egentligen inte har någonting med honom att göra.

DOTTER (14): Han gör samma sak mot mig.

MAMMA: Ja – det stämmer. Han kan bli rasande på *mig* och så låter han det gå ut över vår äldsta ibland. Så kan det vara. Och om vi ska ta med alltihop kan det hända att vi går för långt båda två. Vi är ständigt utarbetade, vi har ett blöjbarn och hela den eviga cirkusen med den stora. Hur ska vi hitta en utväg?

JUUL: Vad är det för en evig cirkus med den äldsta dottern?

MAMMA: Ja, hon är väl en typisk tonåring. Har en massa krav. »Jag vill det och det och det.« Det där framkastade: »Får jag det?«, medan jag har fullt upp med annat. Så jag har vant mig vid att säga: »Jag ska tänka på det.« För att få lite andrum. Det har gått ganska bra den senaste tiden, men inte alltid, och de bombarderar en alltid, barnen. Jag tycker det är jobbigt.

Jag har inget förslag på var vi kan börja. Det är mycket – alltså att börja som bonusfamilj och senare bli ett slags storfamilj, skolproblemen, det egna ansvaret. Det ena efter det andra faktiskt. Vad kan jag släppa taget om i förhållande till vår stora dotter, eftersom jag ju har de små? Och vad kan jag inte släppa?

JUUL: Berätta för mig vad du tänker. Vilka möjligheter har du att släppa taget?

MAMMA: Det är svårt för mig att säga, precis som för den andra familjen. Jag tycker att jag har släppt taget i fråga om skolan. Sedan handlar det om det här med att börja gå ut – att vilja gå ut jämt. Där kan jag inte släppa taget, eftersom jag är för rädd.

JUUL: Gå ut, hälsa på kompisar?

MAMMA: Ja, åka till stan själv och gå omkring. Vi bor ju på landet, och hon vill gärna åka till stan (*Dottern:* På dagen.) med någon tjejkompis, och det gillar jag inte. Alltihop är problem som handlar om att göra saker på egen hand. Ett annat problem som jag har svårt att klara av är det språk hon utsätter oss för allihop – även de små. Det är helt galet. Alltså, jag tycker att det är fullständigt outhärdligt hemma hos oss.

Allt som har att göra med tonåren tycker jag är jättejobbigt. Jag missar allt det underbara med de små.

JUUL: Allt det här var saker där du tänker: »Här kan jag inte släppa taget.«

MAMMA: Jag har faktiskt släppt taget i minst ett halvår. Vår äldsta dotter har bytt skola och har nu vänner som jag gillar. Så var det inte förut. Där har jag gett med mig.

JUUL: Jag måste säga att jag inte känner mig så orolig för er äldsta dotter. Det som händer är precis det som ska hända, tror jag. Det är dig jag är bekymrad för. Du mår ju inte särskilt bra.

MAMMA: Inte nu för tiden.

JUUL: Nu för tiden har varat länge.

MAMMA: Det har varit riktigt besvärligt och slitigt under ett halvårs tid.

JUUL: Kan du föreställa dig på vilket sätt det skulle kunna bli bättre från och med i morgon?

MAMMA: Det är svårt att föreställa sig just nu. Det behöver jag hjälp med.

JUUL: Ja, jag har inget svar, men jag skulle vilja veta om du på längre sikt kan säga: »Ja, om tio år är det förhoppningsvis över«. Eller söker du en lösning?

MAMMA: Jag söker i alla fall en tillfällig lösning, för det är ju plågsamt att bara säga: »Nu står jag ut i tio år, så är det över sen.« Nej, så vill jag absolut inte ha det. Jag vill verkligen göra någonting för att det ska bli bättre. Det är väldigt viktigt – för oss båda.

JUUL (TILL PAPPAN): Har du något förslag? Nu låtsas vi som att jag inte är här. Har du några idéer om vad din fru skulle kunna göra för att må bättre?

PAPPA: Hon kan försöka slappna av lite, inte pressa sig själv så mycket, inte vara så bekymrad när det gäller skolan, barnens uppväxt, bli – hur ska jag säga – lite lugnare. Jag tror faktiskt inte heller att barnen tar så mycket skada att de inte kommer att klara sig i livet.

Jag tvivlar inte på att de kommer att klara sig allihop. Även den äldsta. Det kommer att gå bra. Och sedan kan jag bara säga att min fru kanske behöver göra lite saker för sig själv ibland, så att hon inte alltid känner sig så pressad och orolig, eftersom hon på så många sätt blir begränsad av alltihop. Hon har redan börjat med det faktiskt.

JUUL: Det var: »Vad kan hon göra för sig själv«? Kan du föreställa dig andra saker?

PAPPA: Jag skulle ju kunna hjälpa till med vissa saker när jag ser att det behövs eller stötta henne mer med det jag kan. Men jag är inte så ängslig som min fru. Vi har ju ett gemensamt mål och vi kommer att lösa det tillsammans, så barnen kommer att klara sig bra utan alltför stora skador.

Min fru får själv säga vad som är bra för henne, så att hon inte oroar sig så mycket för tonåringarnas framtid, eller vad det nu handlar om. För vi har just börjat, kan man säga. Vi har fyra. Den äldsta är nu fjorton, nummer två börjar också så smått, hon är tio, så jag utgår ifrån att det kommer mer.

JUUL (TILL MAMMAN): Har du någon idé? Vad kan du … vad skulle du teoretiskt sett kunna göra för dig själv så att du mår bättre?

MAMMA: För två månader sedan började jag spela ett nytt musikinstrument, och det känns så härligt, jag mår bra av det. Jag spelar gitarr, det är en barndomsdröm, och de senaste två månaderna har det faktiskt blåst lite mildare vindar hemma hos oss. Jag kan sitta i soffan ibland och öva i en kvart. Annars har jag inte så många möjligheter, eftersom de små kräver så mycket av mig. Så är det ju.

JUUL: Hur gamla är småbarnen?

MAMMA: Den yngsta är ett och ett halvt.

JUUL: Okej, då kan du börja släppa taget lite så småningom. Om ett halvår kommer hon att vilja göra allt själv. Det är också ett problem. Jag tror att om vi talar med de människor du har omkring dig – dina barn, din man med flera – och frågar dem: »Vad är det bästa med vår mamma? Vad är det som är så bra med *er* mamma och *din* fru?« Om någon frågade mig det så skulle jag nog svara: »Hennes glädje.«

MAMMA: Tycker du att jag är så glad?

JUUL: Ja, mycket.

MAMMA: Jag är väldigt lycklig över mina barn och många andra saker.

JUUL: Ja, det tror jag också, men jag tycker gott att du borde kunna känna lite mer glädje i ditt eget liv. För just nu är du otillfredsställd, och din livsglädje försvinner sakta men säkert. Det behövs mer än en kvart om dagen för att hålla kvar den. Och nu ställer jag en närgången fråga: Om du ska vara helt ärlig, uppfattar du dig i själva verket som en ensamstående mamma som får viss hjälp?

MAMMA: Det kan jag absolut svara ja på.

JUUL: Nu tänker jag inte tala om orsaker, utan om vad som behöver göras. Jag tror att din man faktiskt gör rätt mycket, men att du står ensam med ansvaret för hela skocken – så ser du i varje fall på det själv. Jag tror också att ansvaret, eller det som din man kallar ängslighet, det kan du bara släppa på natten – när du sover. (*Skratt.*)

(*Till pappan*): Jag tror att det du säger är rätt, men på något sätt tränger det inte riktigt in. Du talar nämligen också om allt det som din fru är ensam om, och hon är ensam om alldeles för mycket. Det handlar alltså om att överta en del av ansvaret. Barnen är det enda område där båda föräldrarna kan vara hundraprocentigt ansvariga. När det handlar om hushållet, om inköp, bil, gräsklippning och sådana saker, fördelar man arbetet mer eller mindre.

Men det är en annan sak när det gäller barnen. Och jag tror att det skulle vara till stor hjälp om du successivt tar på dig mer ansvar. Jag vet att du till en början inte kommer att bli särskilt populär. Jag tror att din fru har mycket god överblick, väldigt bestämda åsikter, mycket tydliga värderingar, och att hon vet precis hur allting ska vara.

PAPPA: Ja, det gör hon.

JUUL: Då är det inte så lätt att vara partner. Man kan avlasta lite grann, man kan hjälpa till ibland, man kan gå sin väg då och då. Det är nog bra. Men att överta ansvaret och säga: »Nu gör jag det på *mitt* sätt, och som *jag* tycker att det ska göras. Och har du några kommentarer kan du skriva ner dem, och när jag går i pension kanske jag kommer att läsa dem.«

PAPPA: Aha.

JUUL (TILL MAMMAN): Det är nödvändigt. För det som förstör din livsglädje är att du faktiskt är ensam. Och det just när du har en stor familj, just när du har pumpat in så mycket energi i barnen och i två äktenskap. Det är ju nu du borde få din belöning. Men den kommer inte. (*Till pappan*): Och nu måste jag få veta om du har någon aning om vad jag talar om?

PAPPA: Jo, jag känner det inuti, men jag kan inte alltid agera utifrån det. Jag förstår väldigt väl vad du menar och vad min fru behöver, och jag vet vad hon gör varje dag för barnen. Det gör jag, och jag försöker alltid se vad jag kan göra, vad jag kan hjälpa till med. Men, som jag sa tidigare: Det var inte så här i mitt barndomshem. Det var ingen som brydde sig om mig, så det är inte så lätt för mig, men jag försöker så gott jag kan. Och jag hoppas också att min fru vet det och känner det.

JUUL: Det gör hon utan tvivel. Vi talar nu om din fru, som är mycket, mycket ansvarsfull. Hon kan säga nej när hon tycker att någonting är fel. Det klarar hon väldigt bra. Men att säga nej på ett sådant sätt att hon säger ja till sig själv är svårt för henne. Det är också en ensam process, men med den typen av hjälp som vi talade om nyss brukar det gå. Det är vad som behövs.

Annars kommer din fru bara med den här förklaringen eller ursäkten: »Någon måste ju göra det, och denna någon är jag.« Det är svårt, och denna läroprocess kommer att fortgå de kommande tio åren. (*Till mamman*): Man kan ha sina lediga minuter, som du har nu, men det kan också vara lediga timmar eller dagar. Och det är nog bra alltihop, men det är tyvärr bara avslappning, och det räcker inte. Du ger dina barn så mycket, men de behöver inte så mycket. Kan jag övertyga dig om det?

MAMMA: Ja, det kan du.

JUUL: Okej. Barnen har fått allt, och de ska de också fortsätta att få, men nu måste vi hitta en fristad åt dig.

MAMMA: Så stor behöver den inte vara. Det är helt okej med en liten, så att jag bara kan lägga ifrån mig lite grann av ansvaret. Där har du träffat mitt i prick.

JUUL: Det du säger är inte bara lite lögnaktigt, det är helt osant. När någon säger: »Jag behöver inte särskilt mycket«, så stämmer det inte. Och du behöver verkligen mycket.

MAMMA: Jag håller med. Jag är alltså ärlig och säger att det är okej med mycket.

JUUL: Det ska du. Det har du förtjänat. Under lång tid. Okej?

PAPPA: Tack så mycket.

Familj 5

Datorer och medier

Närvarande: mamma, pappa, dotter (17), *son* (13)

JUUL: Så, nu är jag nyfiken.

MAMMA: Ja, många av våra teman har ju redan tagits upp. Vi har ett viktigt tema som jag tänker mycket på, och det är medierna i vår familj. Jag har en son som är mycket intresserad av medier, och jag måste ärligt erkänna att jag har svårt att följa med, för visserligen arbetar jag rätt mycket med min pc, men jag tittar inte särskilt mycket på teve och saknar det inte heller.

Jag har svårt att förstå det här med datorspel. Samtidigt har vi problemet med egen teve på rummet eller inte. Jag märker också att jag är väldigt kontrollerande numera. Jag känner att jag å ena sidan stöttar min son en hel del och att jag förstår honom väldigt väl, och jag kan också låta honom få spela, eftersom jag från min egen barndom vet att det inte är bra när någonting är totalförbjudet.

Å andra sidan har jag värderingsproblem med det. När blir det för mycket? Kan min son verkligen styra sin mediekonsumtion själv? Vet han när det räcker? Jag har ingen lust att sitta inne på hans rum hela eftermiddagen för att kontrollera det. Detsamma gäller naturligtvis datorn. Det är vad jag skulle vilja ta upp.

JUUL: När du talar om värderingskonflikt eller ett värderingsproblem, vad betyder det? Vilka är dina värderingar?

MAMMA: Det är någonting som sitter djupt inuti mig, att det är mycket som är skit. Jag har en röst inuti mig som säger: För mycket är inte bra för barnen. Jag skulle vilja skydda honom mot vissa delar, till exempel de där våldsamma datorspelen eller teveprogrammen som får mig att tänka att det där mår han inte bra av.

JUUL: Och inte bra betyder?

MAMMA: Att det påverkar honom på ett dåligt sätt, att det inte är bra för hans utveckling.

JUUL: Och det betyder?

MAMMA: Ja, vad betyder det? ... Det är svårt. Klarar han av det? Det är ofta mycket våld i datorspelen. Tar han det inte med sig in i sitt eget liv? Någon gång ibland?

JUUL (TILL SONEN): Kan du svara kort på din mammas fråga.

SON (13): Jag tycker inte det är så farligt, för jag idrottar och träffar mina kompisar också. Jag sitter inte där hela dagarna, jag måste ju läsa läxor också. Därför tycker jag inte att det är ett så stort problem eftersom jag gör andra saker också.

JUUL: Hur ser du på det som din son säger?

MAMMA: Det låter ju bra.

JUUL: Men?

MAMMA: Ibland blir det lite för mycket för mig i alla fall.

JUUL: Det är därför jag frågar.

MAMMA: Aha.

JUUL: För det är en sak att säga: »Ibland blir det för mycket för *mig*.« En helt annan att säga: »Ibland blir det för mycket för *dig*.«

MAMMA: För mycket för min son.

JUUL: Ja, för det handlar ju inte om huruvida det blir mycket för *dig*. Eller, med andra ord: Detta har ingenting med *din sons* utveckling att göra. (*Till pappan*): Och nu skulle jag vilja höra vad du tycker.

PAPPA: Jag ser det på ett lite annat sätt än – fyrkantigt uttryckt: »Teve är skit.« Det tycker inte jag. Vi två (*far och son*) pratar snarare ofta om kvaliteten på programmen. Det som irriterar mig mest är de riktigt dåliga programmen. På så sätt kan man säga att man vänjer sig vid någonting man inte kan stå för. Det är det ena. Det andra är att jag själv ofta är med – inte så mycket när han tittar på teve, utan mer när han sitter framför datorn. Han börjar med att säga att nu går han ner och spelar lite för att koppla av och sedan kommer han tillbaka från datorn, antingen totalt frustrerad eller fullkomligt rasande. Så jag känner nog att det är någonting som inte är så bra för honom, åtminstone inte just nu.

JUUL (TILL SONEN): Känner du igen dig själv i den beskrivningen?

SON: Ja, ibland, men jag skulle vilja säga att det inte händer så ofta numera. Det är inget problem längre.

JUUL: Okej.

PAPPA: Det är också en annan sak – det har nämligen blivit ett stort irritationsmoment för mig att vår son struntar i att göra det han egentligen ska göra, såvida ingen påminner honom om det. Det är sådant som han i vanliga fall skulle göra om jag var där, men om ingen är där just då är datorn eller teven alldeles för lockande, och då låter båda två (*son och dotter*) allt annat ligga och sätter sig framför teven och låter sig bombarderas.

JUUL: Kommer du ihåg när förändringen började?

PAPPA: Nej, det gör jag inte. Ibland känns det som att jag har sett det tillräckligt länge. Men jag har en misstanke som jag i grund och botten inte vill erkänna. Om barnen fick titta så mycket de ville på teve, skulle de nog inte titta så mycket. Just nu kanske det är för att de tycker att de »måste«. Det har säkert också med saken att göra.

JUUL: Om vi har tur slutar de när de har blivit föräldrar. Inte förr. Jag förstår mycket väl att ni funderar. Det är ju ett helt nytt område. Experterna är inte heller överens. Jag har ingen aning om vad som är tillräckligt och vad som är för mycket.

Det enda jag vet är att det alltid finns saker som är farliga för unga människor. Man experimenterar, man försöker hantera de här sakerna och blir kanske offer. Det spelar ingen roll om det handlar om datorspel, teve, droger, alkohol eller sex. Det som det handlar om är hur barnen har haft det de första åtta till tio åren i sitt liv. Är det möjligt att våra barn kan lära sig av våra erfarenheter? Så vitt jag vet går inte det.

PAPPA: I alla fall inte när det gäller datorspel. Teve har vi kanske en del erfarenhet av, men inte i samma omfattning som i dag. Och vad gäller datorer kan jag det som alla kan, men att spela datorspel – jag har inte kommit längre än till att lägga patiens. De erfarenheterna måste de göra själva. Därför är det säkert också så att vi hellre förhåller oss ängsligt iakttagande: Vad händer nu?

JUUL: Först vill jag säga en sak: Ni har vissa regler just nu. Och båda era barn samarbetar. Det vill säga att de båda mer eller mindre följer reglerna.

Just nu finns det alltså egentligen ingen anledning att ändra på någonting. Om de båda två vid någon tidpunkt inte längre skulle samarbeta, och detta varje dag eller tre gånger i veckan leder till en stor konflikt av det slag som jag kallar destruktiva konflikter – det vill säga konflikter som uppstår allt oftare och som handlar om samma sak, och då tonen från bägge sidor blir allt skarpare – då måste man förändra någonting.

Just nu har ni föräldrar satt upp regler eller ett regelverk, och båda barnen samarbetar. Så just nu fungerar det. Det behöver ni inte ändra på. Men det kommer att komma en tidpunkt då man som ung människa står inför ett svårt val. Man kan säga: »Ska jag fortsätta att vara lydig eller måste jag ljuga för min mamma?« Och jag tror att den tidpunkten kommer närmare och närmare. Det gör att vi som föräldrar måste ställa oss vissa frågor: Vad vill vi egentligen? Vill vi att våra barn ska lyda? Det finns bara en förklaring till att barn ljuger, och det är att de vet eller känner att »om mina föräldrar inte klarar av att höra sanningen så ljuger jag. Mina föräldrar får panik eller blir ledsna. Det blir gråt och gräl om jag säger det. Då är det bättre att låta bli.« Man vänjer sig kanske vid att »polisen« kommer förbi då och då och säger: »Nu har du gjort det igen.« och då säger man: »Hoppsan, förlåt, det var inte meningen.« Det kanske känns obehagligt i några timmar, men sedan är det över.

Jag tror att vi som föräldrar kan spela en annan och kanske viktigare roll. Vi känner ju våra barn. Det innebär att vi väldigt snabbt känner av om det går bra för dem eller om det inte gör det. Hur är det med den och den läraren? Hur är det med den och den vännen? Hur var det under det och det lovet? Ibland är vårt intryck helt felaktigt, men vi intresserar oss för det, och det tror jag är viktigt.

För som ung människa måste man relativt tidigt göra vissa egna val: vad vill jag? Vad vill jag inte? Vill jag spela datorspel hela natten eller vill jag göra läxorna nu? Det innebär att man inte bara kan säga ja eller nej utifrån vad som är moraliskt rätt. Man måste skaffa sig egna erfarenheter.

När man gör sina erfarenheter, även de dåliga, måste barnen kunna komma och prata med sina föräldrar. På så sätt kan man bearbeta de dåliga erfarenheterna. Det tror jag är en mycket viktig roll. Om man bara sätter upp förbud och regler som inte fungerar finns inte längre någon möjlighet till dialog. Då blir det så här: »Gjorde du någonting brottsligt i går eller inte?« Då börjar vi tala om det som föräldrar och pedagoger kallar konsekvenser – ett snällare ord för straff.

Och det blir väldigt snabbt en ond cirkel. Det finns föräldrar – väldigt ofta pappor – som också tycker om att spela datorspel, och då kan man ju sätta sig ner tillsammans med sitt barn och spela eller försöka ta reda på vad det egentligen är för någonting och vad det gör med en. Om man har tid och lust kan man göra så. Om man inte har det, måste tonåringen själv bedöma vad som går och vad som inte går att göra.

Det är olyckligt det som har skett de senaste tjugo åren.

Unga människor lever i dag i allt mindre grad ett dubbelliv. När jag var fjorton hade jag inte kunnat överleva utan ett dubbelliv. Mina föräldrar kände till en del av mitt liv, men det viktigaste hade de absolut ingen aning om. (*Mamma:* Det kommer jag väldigt väl ihåg. Det stämmer bra.) Och nu är atmosfären lyckligtvis en helt annan i många familjer – tack och lov för det. Det finns helt andra möjligheter. Många fler meningsfulla samtal och diskussioner äger rum. Och det betyder ju också att ungdomarna kommer och berättar någonting och vill någonting och gör någonting som vi överhuvudtaget inte har svar på. Vi har sedan generationer tillbaka inte haft möjlighet att öva på vad vi ska säga.

När en ung flicka blir förälskad för första gången vet vi exakt vad vi ska säga. Antingen gör vi det eller så gör vi det inte, men att det händer är ingenting nytt. Men nu kommer de unga och säger: »Vi vill egentligen dela det här med er och vi vill inte ljuga om det. Är det okej?« Det är svårt.

Det är nytt för vår föräldrageneration. Ni är pionjärer allihop! Hur förhåller man sig? Vad ska man säga? Man lever i en familj där det grundläggande är en god atmosfär, att inte underskatta hur viktigt det är för barnen att föräldrarna finns där när man har det svårt. Du kan i själva verket verbalisera det och säga: »Det är svårt för mig.« Det vet era barn mycket väl. Det gör intryck på dem, och de har inte glömt det i morgon och du behöver inte alltid upprepa det. Jag vet inte om du gör det, men …

MAMMA: Jo då.

JUUL: Men man behöver inte alltid säga det, för de vet det mycket väl, och det är en viktig faktor i de beslut de fattar. »Alltså, jag bestämmer mig för det och det.« Det betyder också: »Jag bestämmer mig nu för någonting som min mamma inte tycker om.« Det är inte lätt utan så kallade konsekvenser heller.

Jag skulle som mamma eller pappa se på mitt förhållande till mina barn, värdera det och säga: »Känner jag mig säker i mitt förhållande till min son, känner jag mig väl till mods, har vi en god kommunikation, kan vi vara tysta tillsammans?«

Om förhållandet mellan föräldrar och barn i grunden är gott kan det hända som kommer att hända, även om det är någonting hemskt. Det finns knappast en människa mellan fjorton och nitton som inte råkar ut för någonting hemskt. Man dricker för mycket, man går i säng med fel person, man har goda vänner som inte är så goda och så vidare. Ingen är förskonad, och vi som föräldrar kan vara medkännande åskådare. (*Mamma:* Ja.) Vi kan se till att finnas där, stå vid sidan av, beredda att hjälpa.

För tjugo år sedan, då de första splatterfilmerna kom, alltså de var verkligen hemska, hade vi en grupp med mellan tio och tolv tonåringar som träffades varje dag och såg på sådana filmer i timmar. Jag gjorde följande överenskommelse med dem: »Jag är anställd av kommunen. Kommunen vill inte att ni tittar på de här videofilmerna. Jag vill inte diskutera det här med er, men gör mig en tjänst. Jag kan inte se de här filmerna själv. Det får jag inte. Därför behöver jag er hjälp. Vi har några avspänningsinstruktörer, alltså människor som vet en massa om stress och kroppen och sådana saker.« Och de unga samarbetade. Avspänningsinstruktörerna gjorde övningar med dem i en halvtimme ungefär, och sedan såg ungdomarna videofilmerna ensamma. Långsamt, under loppet av tre månader, avtog det hela, för ungdomarna kände det i sina egna kroppar: »Jag spänner mig så enormt mycket när jag tittar på dem och det har jag ingen lust med«. Men man måste känna det själv, och man måste göra sina egna erfarenheter.

Vi kan som föräldrar eller lärare störa denna förståelseprocess när vi kommer med våra självsäkra kunskaper, och sedan blir det omöjligt att lära sig någonting. De gamla stör alltid, och sedan måste man försvara sig, och då lär man sig ingenting. Jag säger inte att det är ett enkelt svar, men jag tror att de flesta föräldrars vilja, behov och ambitioner är att de vill ha ett bra förhållande. Vi vill fortsätta att ha kontakt med våra tonåringar år efter år. Och det tror jag är det viktigaste.

Då kommer vi till detaljerna. De är också viktiga. Vi tar en detalj som vi har säker kunskap om: är heroin farligt? Ja, det är det. Då kan man mycket väl säga det, om de frågar: »Vet ni det?« – Ja, det vet vi med absolut säkerhet.« Och sedan hoppas på det bästa … Men man kan inte förhindra att de eventuellt kommer i kontakt med sådant. Det är omöjligt. Som er son säger: »Jag vet exakt vad vuxna oroar sig för och vilka fantasier de har om vårt spelande, att vi isolerar oss, blir ensamma, inte har något socialt liv, att våra kroppar inte utvecklas.« Han vet allt det där och kan svara på alla frågorna. Men om han plötsligt skulle sluta träffa sina vänner eller idrotta och så vidare, behöver han sannolikt att föräldrarna säger till honom: »Nu blir det farligt.« Eller: »Så vitt vi kan se har du slutat upp med det och det, och det gör oss oroliga.«

MAMMA: Just det.

JUUL: När det gäller små barn vet föräldrar så mycket och har så många idéer om vad som är rätt och riktigt för dem och vad man ska göra. De stackars barnen får inte utvecklas, de ska alltid »tjäna« föräldrarna och säga: »Jag gör det och det och det, jag äter rätt, jag utvecklas rätt …« Föräldrarna vill att allt ska ske tre år innan det överhuvudtaget är möjligt. Det går ju inte. Vi har för många projekt.

Själv har jag haft tur: När min son var fjorton gick han i en skola som låg två och en halv mil från vårt hem, i en storstad.

När han skulle gå ut med sina vänner, titta på video, gå på bio, festa, så var han aldrig hemma. Han sov alltid över hos andra, och det var otroligt bra för honom och ärligt talat – även för hans föräldrar. (*Skratt.*) Vi måste inte och ska inte veta allt. Själv har jag varit till sjöss, och om min mamma hade vetat vad jag gjorde mellan femton och sjutton hade hon dött flera gånger om. Det är helt säkert. Och jag är glad för att hon aldrig var med ombord. (*Skratt.*)

Det är tydligt vad ni bägge två anser är viktigt för er, och det vet era barn också. Om er son kommer och säger: »Nu har jag anpassat mig efter de här reglerna så gott jag har kunnat. Nu skulle jag vilja ha lite mer handlingsutrymme« – då kan ni antingen säga ja eller nej. Men er son måste göra som han vill. Annars måste man inrätta ett fängelse utan dator. Men även en mördare har dator i sin cell. Nu skulle jag vilja veta vad ni två tänker. Jag har pratat länge nog.

MAMMA: Jag känner mig väldigt uppmuntrad av det du har sagt. För alltihop finns ju i mitt huvud, men naturligtvis finns också den här rösten från skolan och från vetenskapen, hjärnforskare som säger det motsatta. Men jag bryr mig ju om mina barn, och därför vill jag helst bemöta dem på ett förtroendefullt sätt.

JUUL: När det gäller hjärnforskarna vill jag gärna säga att de inte har gett oss tillräckligt med information. I dag finns tusentals tonåringar och unga vuxna med tinnitus, som de har fått av MP3-spelare, Ipoder med mera. Det är det nästan ingen som pratar om. Men datorspel är bara *så* farliga. När det gäller MP3-spelare finns bevis. De psykiska konsekvenserna av datorspel vet vi inget om.

Det finns undersökningar som visar att om barn och tonåringar tittar på teve med våld, krig och sådana saker blir det lättare för dem att släppa ut de egna aggressionerna. Det tror jag stämmer, beroende på hemmets stabilitet och den sociala situationen. Om allt är som det ska är risken minimal. (*Till tonåringarna*): Är det någonting ni skulle vilja säga som avslutning?

DOTTER: Jag tror kanske att vi inte skulle orka så ofta, om vi själva tog över ansvaret. Så som det är nu är det okej, och jag tror inte att det är så farligt för oss, eftersom vi båda två har ett annat liv också, och det är … (*Paus.*)

MAMMA: … skönt. Tack så mycket.

JUUL: Precis.

Återkoppling från den deltagande familjen fyra veckor senare

MAMMA: För mig var helgen med Jesper Juul och de övriga familjerna väldigt givande. Jag fick ut så mycket av vartenda samtal. Nu har vi gett våra barn ännu mer eget ansvar. Det steget var inte så lätt för mig, eftersom jag är en person som gärna vill ha koll på allt – och bestämma. Jag märker att jag fortfarande säger till barnen: »Tittar du på teve nu igen. Har du gjort dina läxor?« Jag har lite svårt att lita på dem helt och fullt, men jag är medveten om det nu och arbetar med det. Jag har också lagt märke till att nu när jag har lämnat ifrån mig ansvaret och inte oroar mig så mycket så blir det också mer tid över till mig själv – jag blir långsamt allt friare och jag har fått mer energi över till andra saker i mitt liv. Jag ser familjen och äktenskapet som mitt livs största utmaning, och varje dag lär jag mig någonting av alla mina relationer med andra människor – det tycker jag är väldigt spännande.

PAPPA: Det var en upplevelse för mig att få vara med. Bara Jesper Juuls otroliga närvaro var ren balsam för själen. Jag kände att jag hela tiden var i goda händer. Ett stort tack också till de båda som skötte kameran. Inte en enda gång kände jag mig iakttagen på ett obehagligt sätt. På så sätt var det också lätt att vara uppriktig.

Jag fick ut någonting av varje intervju som jag kan använda på mig själv och på min egen familj. Även samtalen i pauserna med de andra deltagarna och assistenterna var berikande och bekräftande. Speciellt Jesper Juuls och assistenternas öppenhjärtiga »bekännelser« har gett mig större självförtroende.

Efter seminariet blev det väldigt naturligt för oss att låta våra barn bestämma själva. Jag är inget kontrollfreak. Det är emot min inre övertygelse att springa efter någon och fråga om det eller det är avklarat. Barnen och jag avgick alltså med segern.

Min oro för att min fru nu skulle börja »leka mamma åt mig« har hittills visat sig ogrundad. Genom barnens nya frihet har klimatet i familjen blivit betydligt mer avslappnat. Mycket av det som skavde har nu försvunnit. Även förhållandet mellan min fru och mig har förändrats till det bättre. Förr klagade min fru ofta på mig för att jag inte arbetade mot samma mål eller gav henne tillräckligt mycket stöd då jag tyckte att barnen skulle få mer ansvar.

Övergången går naturligtvis inte friktionsfritt. Det är ibland svårt att ta när något av barnen inte förstår sitt eget ansvar och man bara får det där: »Jag gör vad jag vill.« Då hjälper det att jag berättar om mina egna iakttagelser och min egen oro – att jag säger vad jag tycker, men att besluten är barnens.

Familj 6

»Skolan är ett problem för oss«

Närvarande: mamma, son (16)

MAMMA: Jag har nu hört flera teman som har hjälpt mig att gå vidare. Jag utvecklas också, men jag ser nu att jag har gjort fel många gånger – vår son är nu sexton – och att mycket har blivit fel. Skolan är ett evigt bekymmer. Det har varit vårt största problem ända sedan han började. Min man är kvar hemma med vår yngste son i dag.

Jag skilde mig från min äldste sons pappa när pojken var två och ett halvt år, och jag har uppfostrat honom ensam, och sedan var jag tvungen att börja arbeta igen, så han fick börja på dagis. Efter det lärde jag känna min nuvarande man. Vi flyttade ihop när min äldste son var fyra år. I skolan hade han problem med stavning bland annat, men jag har hjälpt honom så mycket att det har gått rätt bra i alla fall. Betygen har alltid varit medelmåttiga.

Jag vet inte varför jag tänker så mycket på det, men det är kanske för att alltihop höll på att bli för mycket för mig då. Nu ser jag vad som blev fel, på vilket sätt han hade behövt mig. Nu förstår jag honom bättre. Jag ser att jag inte tog hans behov på tillräckligt stort allvar. Skolan är ett evigt tema för oss, och nu har det gått så långt att jag inte kan förhålla mig till det på ett förnuftigt sätt.

JUUL: Det sista förstod jag inte riktigt, eller också lyssnade jag inte ordentligt. Alltså skolan är ett evigt problem för er? Och?

MAMMA: Det är nog mest för att jag känner mig tvungen att hålla ordning på vilka läxor han har, vad han måste arbeta med … jag har svårt att släppa det.

JUUL (TILL SONEN): Och du skulle vilja att din mamma släppte det?

SON: Ja, jag tror att det skulle bli lättare för mig då.

JUUL: Uppfattar du det som en intressant möjlighet eller vill du verkligen det?

SON: Jag vill det verkligen.

JUUL: Kan du förklara hur det skulle göra saker och ting lättare för dig?

SON: Alltid när det handlar om läxor eller om skolan så slutar det med bråk, och det är inte bra för någon av oss. Min mamma måste låta mig sköta skolan själv, för det blir inte bra annars. Alltså, jag ser bara det negativa efter att vi har pratat. Det är sällan det leder till någonting positivt.

JUUL: Din mamma talar om att hon har gjort fel tidigare i ert gemensamma liv. Är det ett tema för dig? Är det viktigt, eller …?

SON: De fel hon har gjort?

JUUL: Ja

SON: Om jag är bitter för det?

JUUL: Ja, om du funderar på det?

SON: Jo, särskilt när det slutar med bråk. Då får jag en sån där flashback, och det gör det ännu värre. Det är en konflikt.

JUUL: Kan du komma med ett konkret exempel? Vad ser du när du ser tillbaka?

SON: Det har jag ingen lust att berätta just nu.

JUUL: Okej. (*Till mamman*): Du har känt din son i ungefär en halv miljon fler minuter än jag, men för mig känns det han säger trovärdigt. Tycker du också det?

MAMMA: Ja.

JUUL: Varför då inte bara släppa taget?

MAMMA: För skolans skull – betygen är alltid ett problem.

JUUL: Här måste jag ingripa och förklara. Betygen är som de är. Om det är ett problem eller inte är helt individuellt. Och *du* tycker att de är oroande.

MAMMA: Ja, om han blir tvungen att gå om. Vi har kommit överens om att det här året är hans sista år i skolan. Han säger också: »Jag kommer att klara av det själv, låt mig vara i fred.« Men jag ser ju att han behöver hjälp ändå. Han kan inte klara det på egen hand.

JUUL: Är det du som tycker att du behöver hjälpa honom eller säger din son att du ska hjälpa honom?

MAMMA: Han säger det också, tror jag. (*Ser frågande på sonen.*) Okej, då tar vi det igen. Men utan stöd ... Det är inte så att allting flyter på precis.

JUUL: Det vi talar om är ansvar. Om din son tar ansvar och själv vill det, så tar han också ansvar för att säga när han behöver hjälp och av vem. Du kan då knacka på hans dörr och säga: »Så vitt jag kan se behöver du hjälp nu. Ja eller nej? »Då kan han antingen säga ja eller nej. Då tar han själv ansvar.

Just nu utövar du bara lite mindre kontroll än förut. Det är bättre, men inte tillräckligt bra. Så din son vet egentligen inte – vet ännu inte – hur han *själv* klarar sig i skolan, hur han *själv* kan förbättra sina betyg, när han *själv* är nöjd med sin arbetsinsats eller sina betyg till exempel. I hela din sons historia har det alltid hetat *vi*.

MAMMA: Ja, det stämmer.

JUUL: Då har vi kommit så långt. Jag tror inte det är någon hemlighet att det nu är dags för eget ansvar. Din son tycker det och nu behöver vi båda två veta: Vad tycker du om det? Är du beredd eller tycker du inte att vi har tänkt igenom det hela tillräckligt väl?

MAMMA: Jo, vi ska nog klara det. Vi har hjälp också.

JUUL: Ja, du klarar det.

MAMMA: Ja, det gör jag.

JUUL: Att släppa taget alltså?

MAMMA: Ja, vi börjar med det. Vi gör det.

JUUL: Det finns inget vi.

MAMMA: Min man och jag, menade jag. Och ja, det stämmer, det finns inget vi. Nu börjar jag.

JUUL: Men inte nödvändigtvis för att du vill det, utan för att det, som du beskriver det, är nödvändigt.

MAMMA: Ja.

JUUL: Och din son har varit *väldigt* diplomatisk *väldigt* länge.

MAMMA: Ja, det stämmer. Det har inte alltid varit lätt, och det har satt sina spår i min sons skolgång.

JUUL: Det är väldigt svårt för föräldrar: Man ser ju vad som har hänt, och när man är så ansvarsfull som du kan man också se: »Jag har gjort fel och jag har betalt för dem.« När alltihop kommer fram i ljuset vill vi gärna kompensera. Vi vill gärna göra det bra igen. Ibland är det omöjligt, och det gör hela situationen ännu värre. För barnen tänker: »Det var inte bara svårt för mig, det gjorde inte bara ont, det är också bäst om jag låter bli att säga aj eftersom det betyder så mycket för min mamma att det inte gör ont längre.«

Ibland måste vi som föräldrar träda tillbaka lite grann och säga: »Jag har gjort fel ibland, jag valde fel pappa, jag har gjort det och det, och det måste min son tyvärr leva med, och jag också. Jag vill finnas till för honom så gott jag kan. Men jag ska inte försöka göra min son till ett projekt och berätta för honom hur man kommer över obehagliga upplevelser.« Jag tror att din ansvarskänsla har fört dig i den här riktningen sedan länge: »Låt mig nu till slut få gottgöra det som var dåligt.« Stämmer det inte?

MAMMA: Jo.

JUUL: Om man gör så blir barnen väldigt sårbara och tänker: »Det är *mig* det är fel på. Jag måste repareras.« Det är naturligtvis baksidan av det kärleksfulla ansvarstagandet. Jag tror att det skulle vara bra om du slutar upp med det i förhållande till din son. Det blir inte så lätt. För dig blir det ju som om du plötsligt skulle vara oansvarig och inte bry dig. Det är i varje fall mitt intryck. Antingen är du »där« helt och fullt eller också inte. Det kan bli svårt att hitta en ny roll. Stämmer det?

MAMMA: Det har du helt rätt i. Det du säger har jag själv känt väldigt väl. Jag tror vi kommer att klara det bra, och jag kommer att ta det till mig och inte längre göra ett projekt av min sons skolgång.

JUUL: Då kommer det också att finnas tid och plats för din son att formulera *sitt* projekt. Även när det gäller sådant han behöver hjälp och stöd med, till exempel. Han kan skapa sitt eget projekt. (*Till sonen*): Räcker det?

SON: Ja.

JUUL: Menar du det eller är du diplomatisk?

SON: Bägge delarna. (*Skratt.*)

JUUL. *Det* är också ett problem: Pojkar med utpräglat ansvarsmedvetna mödrar lär sig inte att säga nej. I synnerhet inte gentemot kvinnor, och det är mycket viktigt att kunna göra det. Om du tror att din son säger ja, men antagligen menar nej, så kan du hjälpa honom genom att säga: »Du får gärna säga nej.« När han då säger: »Ja, men då blir du bara irriterad.« Då svarar du: »Ja, men det är inte så viktigt. Det är mycket viktigare att du gör det du själv vill. Och min irritation, mina känslor, dem har jag en man till.« – Okej, tack ska ni ha.

Återkoppling från den deltagande familjen fyra veckor senare

MAMMA: För mig har de tre dagarna med Jesper Juul och de andra familjerna satt igång väldigt mycket. Kort sagt har jag en annan inställning till min son nu. Jag har nu lämnat över ansvaret till honom och kan faktiskt också känna mig stolt över honom, och jag har blivit mycket förvånad och behagligt överraskad över hur vuxen han har blivit. Vad som gör mig särskilt glad är att vår son är »på god väg«, han är »motiverad«; så kan jag beskriva det bäst. Nu behandlar jag honom med respekt och som en vuxen och därför vet jag nu också att jag behandlade honom illa förut. Jag är glad för att jag ser det nu, och jag vill tacka Jesper Juul. Jag hoppas innerligt att förändringen håller i sig.

SON: Samtalet med Jesper var väldigt intressant och lärorikt. Atmosfären hemma är nu skönt avslappnad och totalt sett går det bättre än förut.

Familj 7

Tillit och brist på tillit i familjen

Närvarande: mamma, pappa, dotter (11), *son* (14)

MAMMA: Många av de teman som redan har tagits upp berör även oss och vi har nu tänkt igenom vilket tema som kan finnas kvar. För mig är det tillit eller bristande tillit. Jag har det problemet att jag ger mina barn något slags förskottstillit till ungefär hälften, och när jag sedan märker att det inte fungerar, utvecklar jag en viss brist på tillit som jag inte tycker om själv och som jag också har problem med. Det stör vårt förhållande, och jag vet inte riktigt hur jag ska hantera det.

PAPPA: Det här är ett tema hemma hos oss. Jag ser lite annorlunda på det, och det kan i vissa fall leda till problem mellan min fru och mig. Jag har inte den här bristande tilliten till barnen och är kanske också bättre förberedd, eftersom jag tycker att det är ganska normalt att de kanske gör någonting de egentligen inte får när vi inte är hemma.

Jag känner mig lika grundlurad som min fru när jag har bett barnen göra någonting och det inte blir gjort. Men jag har inte den här grundläggande bristen på tillit. Jag tror snarare att de respekterar det, och när de inte gör det är det på sätt och vis också okej, för jag var likadan en gång i tiden. När föräldrarna var ute var det bara skönt, och jag är säkert inte heller så sträng, och det kan leda till problem mellan min fru och mig.

JUUL (TILL UNGDOMARNA): Hur är det för er två: Låter det som ett viktigt tema? Eller finns det annat också?

SON: Ja, det gör det. Det jag inte klarar av är det här: om det är så att det är någonting vi skulle göra och inte har gjort, så tar de genast för givet att det ska bli likadant nästa gång. Till exempel spela datorspel innan vi har gjort läxorna. Om det är så att vi inte har gjort dem någon gång så tror mamma inte på oss nästa gång, även om vi faktiskt har gjort läxorna först och sedan spelat datorspel, utan hon tror att vi först har spelat på datorn och inte gjort våra läxor.

DOTTER: Jag tycker att mamma ofta kommer med sina beskyllningar för snabbt, innan hon vet om vi har gjort något fel eller inte. Vi lurar henne inte heller så ofta.

JUUL: Ni är lite för unga för det också.

MAMMA: (*Skrattar.*)

JUUL: Vad ska jag säga som jag inte redan har sagt? Jag kan naturligtvis säga – men det vet du ju redan – att denna bristande tillit är *din* känsla. Det är någonting som ofta sker och som för två eller tre generationer sedan var normen: föräldrarna har en känsla och gör sina barn ansvariga för den. Det är barnens fel och nu ska de bevisa att *jag* kan få tillbaka min tillit. Det är en evig och omöjlig historia. Alltså, vad kan jag göra för dig?

MAMMA: Jag tror att jag gör så här för att jag är rädd att mina barn inte ska ta mig på allvar. Och när det handlar om hushållet känner jag mig lämnad i sticket. Om jag ber dem: »Gör det eller det« och kommer hem och ser att det inte är gjort, så får jag känslan av att alltihop hänger på mig och att ingen har lust att hjälpa mig. Jag har helt enkelt för mycket att göra.

JUUL: Kan du föreställa dig att ni alla fyra nästa vecka eller nästa månad sätter er ner tillsammans, och du säger så här: »Jag tycker att det är väldigt svårt att vara ensam om ansvaret för hemmet, och att jag inte alltid kan räkna med att ni båda gör er del. Men jag vet också att jag har svårt att ta ansvar för mig själv. Jag försöker nu att hantera min brist på tillit. Helst skulle jag vilja avskaffa den. Men till dess skulle jag vilja veta om det överhuvudtaget är möjligt för er att bidra till vår gemenskap på det sätt som jag skulle vilja?« Kan du föreställa dig det? (*Mamman nickar.*)

Jag har funderat lite på vad det betyder när du säger: »Jag har ingen riktig tillit till mina barn och det är mitt ansvar« – hur känns det för dig? Gör det dig arg, ledsen eller …?

MAMMA: Ledsen.

JUUL: Ledsen – riktigt ledsen eller bara lite ledsen?

MAMMA: (*Blir väldigt berörd och gråter.*)

JUUL: Väldigt ledsen, okej. Det är viktigt. Nu är vi färdiga. Tack.

Familj 8

Spänningar i familjen

Närvarande: pappa, mamma, dotter (13), *inte närvarande: son* (17)

PAPPA: Vi är normalt sett fyra, men vår son ville inte utsätta sig för det här och är därför inte med i dag. Så vi är alltså tre. Vår familjs teman liknar i hög grad dem som redan har tagits upp här. Hos oss handlar det om mediekonsumtion, skolan, hur man umgås med varandra, hur man fördelar sysslorna och hur man delegerar dem.

En sak som särskilt intresserar mig är hur vi talar med varandra. Vi försöker, och det lyckas också för det mesta, att äta tillsammans en gång varje dag. Det är inte alltid så lätt, eftersom vi arbetar och ibland har obekväma arbetstider, och barnen har ju också sina aktiviteter, men det lyckas för det mesta. När vi då sitter vid bordet är det ju kvalitetstid, då vi kan prata med varandra, men vi slösar bort rätt mycket av tiden eftersom det tar så lång tid innan vi hittar en gemensam kommunikationsnivå.

Det som påverkar oss är spänningarna i familjen. Ibland mellan mor och dotter, ibland mellan far och son. Det kan också vara olika vem som är känsligast, men det förstör alla samtal. Det kan till exempel börja så här: Vår son säger någonting. Jag himlar lite med ögonen – inte så mycket – men han har bra antenner och drar sig undan samtalet.

Mellan mor och dotter sker ofta någonting liknande. Röstläget är helt normalt, men den andra uppfattar det inte som normalt alls. Det förstår man när man efteråt citerar den andra och säger: »Du sa …« och sedan själv blir citerad på ett sätt som man inte alls känner igen. Och så slutar det ofta med att vi sitter en timme tillsammans vid bordet utan att överhuvudtaget kunna tala ordentligt med varandra. Vi pratar bara om vår respektive känslighet utan att komma någon vart.

JUUL: Det låter som en oerhört lyckad måltid. (*Skratt.*)

PAPPA: Vad är en oerhört lyckad måltid?

JUUL: Exakt så som du beskriver det, och just därför ger denna gemensamma måltid mening. Måltider är som marknadsplatser, man möts där och ser precis hur det ser ut just nu. Och om det finns spänningar eller känsligheter vid bordet så finns de där annars också. Det innebär: Så här är vi. Om man ser det på det sättet är det en stor framgång.

PAPPA: Ja, men det hjälper oss inte att komma vidare just då, för vi har så lite tid tillsammans och man skulle vilja prata med varandra om saker och ting, men egentligen pratar man bara om hur känslig man är.

JUUL: Det skulle vara bra om ni kunde ge mig ett exempel som alla eller i alla fall minst två av er kommer ihåg. Då får jag höra det från två håll.

MAMMA: Det beror på vad det handlar om. Skolan är ofta ett tema, och sedan kommer aggressionerna, och jag tror …

JUUL: Skolan som tema, men hur? Vem börjar?

MAMMA: Jag försöker undvika det, men det är faktiskt ofta barnen som berättar om saker som har hänt … Jag har inget exempel just nu.

PAPPA: Skoltemat är väldigt känsligt, eftersom det helt enkelt innebär problem. Det är även ett känsligt ämne för barnen. För naturligtvis kommer uppmaningen: »Du skulle ju kunna ha gjort mer.« Eller: »Du har visst en uppsats som du behöver ägna dig åt.« Eller: »Snart har du prov, så du måste nog börja tänka lite på det.« Det är ett rätt känsligt ämne. Förmaningar om att inte ge upp, att göra sitt jobb grundligt, att göra läxorna ordentligt – det är det som utlöser reaktionen.

MAMMA: Toleranströskeln är väldigt låg. Allt har ju redan sagts massor av gånger. Det är därför man undviker att säga sådant som »Du borde egentligen …« De går igång direkt. Sedan är det omöjligt att kommunicera. Först och främst med min son. Det är svårt.

JUUL: Nu skulle jag vilja korrigera lite. För det jag hör här är inte kommunikation. Det är uppfostran. Faktum är att när det gäller de här sakerna är det inte längre möjligt att uppfostra hemma hos er.

PAPPA: Det stämmer.

JUUL: Bra, för det är så det är. Uppfostran vid bordet stör varje måltid, även för små barn. Det ska man enligt min erfarenhet avhålla sig ifrån. Jag ser det som ett dagligt rollspel. Alla roller är fördelade, alla har läst rollhäftet flera gånger om och kan det utantill. Ingenting kan förbättras. Det går inte. Antingen fortsätter man på samma sätt, och jag tror inte att någon dör av det, men det blir ju lite tråkigt. Eller också startar föräldrarna en ny kultur. Det skulle kunna se ut så här: »Jag har funderat, oroat mig, haft åsikter om skolan och så vidare.« Finns det någon möjlighet att ni kan tala om det någon annanstans än vid bordet? Vad handlar er oro om när det gäller er dotters skolgång?

MAMMA: Det är egentligen inte så bekymmersamt med henne. Jag förmanar henne naturligtvis eller frågar och säger: »Jag tycker det skulle vara bra om du inte var borta hela helgen, eftersom du har prov på måndag.«

JUUL (TILL MAMMAN): Och hur ofta har du sagt det?

DOTTER: Minst en gång varje helg.

MAMMA: Före helgen – under helgen är det redan för sent.

PAPPA: Just det temat är inte så allvarligt. Det som är irriterande är att ingen av dem lägger två strån i kors för att förändra saken.

JUUL: Så det finns alltså två teman?

MAMMA: På somrarna lyckas vår dotter med nöd och näppe läsa upp sig så att hon tar sig vidare till nästa klass, men hon klarar det alltså. Och under vinterhalvåret ser det ut som om hon inte ska klara sig. Hon vet det här väldigt väl själv. Jag litar på att hon tar igen det hon försummat. Och jag vill gärna underlätta lite för henne genom att påminna henne om läxorna.

Jag vet hur det är, hon älskar att gå ut och vara tillsammans med sina vänner, och det ska hon naturligtvis också göra. Jag menar bara att hon förlorar målet ur sikte i sin glädje och sorglöshet. Jag skulle vilja hjälpa henne att sätta upp ett mål.

JUUL: Det ligger helt inom möjligheternas gräns och är också viktigt. Meeen … (*Skratt.*) Men för tretton-, fjorton-, sjutton-, arton- och fyrtiofemåringar är det viktigt att mamma eller pappa ber om en inbjudan. Som jag sa förut: Den typen av samtal vid matbordet är en dålig idé. Men på kvällen eller morgonen kan man gå till sin dotters rum, knacka på och säga: »Jag skulle vilja prata med dig om skolan och om dina möjligheter. Vad säger du om det?« Och om din dotter svarar nej måste du gå därifrån. Två, tre, fyra, fem, sex, sju, åtta, nio gånger, om så vore. Men sedan är det okej att den tionde gången säga: »Det här är så oerhört viktigt för mig, det bränner på tungan. Jag måste bara säga det till dig nu.« Säg det då och sedan är det klart. Då har man gjort vad man har kunnat som förälder. Man bör alltså träda ut ur föräldrarollen och tala som en människa till en annan människa.

MAMMA: Teoretiskt sett kan jag naturligtvis förstå det. Men det är svårt att dra sig tillbaka.

JUUL: Varför?

MAMMA: Det är samma oro som alla de andra familjerna också har gett uttryck för. Man vill naturligtvis gärna jämna vägen, för inuti mitt huvud vet jag att den väg jag föreslår är bättre.

PAPPA: Det är en vanlig erfarenhet att föräldrarna har små möjligheter att påverka. Det är en vanlig erfarenhet att man inte når fram. Men det är väldigt, väldigt svårt att acceptera att det är så. Man älskar ju sina barn och vill bara deras bästa. Man vill stötta dem, visa vägen, hjälpa dem att nå det mål som de själva har satt upp för sig.

JUUL: När det är så – och så är det ju hemma hos er – är det också nödvändigt att ibland säga till sina barn: »Jag försöker stötta dig. Lyckas jag med det?« (*Pappan skakar på huvudet.*)

MAMMA: Inte särskilt bra.

JUUL: Man måste fråga *barnen*! Precis som jag försöker hjälpa er på det här seminariet. Jag gör mitt bästa, och antingen lyckas jag eller så lyckas jag inte. För att jag ska kunna bli bättre är det nödvändigt att få den här återkopplingen. – Jag skulle vilja att du ställer en viktig fråga till dig själv, och den lyder så här: »Varför gör jag det här egentligen? Jag oroar mig. Det är angeläget för mig, men varför säger jag det jag säger i detta ögonblick? Varför är det så svårt för mig att i praktiken omsätta det jag vet rent teoretiskt? Handlar det om att jag vill hjälpa mitt barn eller om att jag vill förbättra min egen image? Som mamma eller pappa vill jag ha ett gott samvete. Jag gör det i själva verket för mig själv och inte för mina barn.«

PAPPA: Jag tror att man i första hand gör det för barnens skull. För att man känner sig bättre till mods när man lyckas ge dem ett bra stöd, när man kan hjälpa dem.

JUUL: Vi talar inte om när man lyckas. Vi talar om när man inte lyckas. Vi får barn för vår egen skull, för att vi tror att de ska berika vårt liv. Och min erfarenhet är att det är en svår balansgång för föräldrar: Vad gör jag för mitt barn för att det är nödvändigt, relevant eller önskvärt? Och vad gör jag för min egen image? Det är alltid svårt, och här tror jag att alla i er familj är överens – först och främst de båda tonåringarna, som säger: »Jag tycker inte om när ni försöker hjälpa mig, stötta mig, lära mig saker och ting.«

PAPPA: Är det så det är?

DOTTER: Ja, för det mesta.

PAPPA: Alltså, de försök vi gör för att hjälpa er, motivera er, stötta er, uppfattar du det som obehagligt?

DOTTER: Ja, näe, sådär mitt emellan, när det blir för mycket så, ja, och när man säger till er brukar det inte hjälpa.

JUUL: En sak lär jag mig varje dag i mitt yrke: Barn är alltid mycket snälla mot sina föräldrar, i det här fallet mycket nyanserade och också en aning diplomatiska. (*Skratt.*) Så är det för alla föräldrar. Man kan be om respons och om man har tur får man tjugo procent.

Jag har en son på trettiosex, och när jag frågar: »Hur upplever du mig som pappa?« får jag ett diplomatiskt svar. Om jag frågar min son: »Vad är de tre värsta sakerna med mig?« får jag med lite tur kanske två svar, och sedan måste han säga någonting positivt för att skydda mig. Det är väldigt bra att veta detta. Översatt betyder det: »För det mesta orkar jag inte med det«.

Det finns en skillnad mellan föräldrar och barn när det handlar om dessa rituella samtal: Barn uppfattar alltid sina föräldrars avsikter. Föräldrar uppfattar inte alltid sina barns avsikter eller föreställer sig att de är negativa. »Jag måste motivera dig, eftersom du inte skulle gå till skolan annars.« Det känns ju obehagligt för barnen, för »de vet ju inte alls hur jag har det i skolan, hur min vardag ser ut. För mina föräldrar är det viktigt att jag presterar bra, får bra betyg och så vidare.«

Så barnen försöker samarbeta. De sitter faktiskt kvar vid bordet. Som förälder måste man ta reda på vilken hjälp de behöver: »Jag är din pappa, jag finns till hands, jag vill gärna hjälpa dig. Vad kan jag göra?« Det är en viktig fråga. Hur hjälpen kan se ut, det kan vi som föräldrar inte själva bestämma.

Det är samma sak med min mamma. Hon är väldigt gammal, och frågan är hur länge hon kan klara sig själv. Jag måste fråga min mamma: »Hur kan jag hjälpa dig?« Och min mamma är sådan att hon först säger vad jag *inte* ska göra, och sedan med lite tålamod kan jag dra ur henne vad jag kan göra. Det är ofta någonting helt annat än det jag hade föreställt mig.

Jag trodde jag visste vad hon behövde och sa till min fru: »Min mamma behöver det och det.« På det sättet hamnar vi i exakt samma dilemma som ni är i nu. Det finns en god vilja och det finns energi hos mig, men den går förlorad eftersom jag inte har frågat *henne*: »Vad är viktigt för dig? Hur kan jag göra det?«

Det var ett långt svar på din fråga: »Jag vet hur det är i teorin, men hur gör man det i praktiken?« I praktiken tror jag att det skulle vara bra om ni slutade spela roller, för när föräldrarna spelar föräldrar så spelar barnen barn. Och det är outhärdligt.

PAPPA: Det där med rollerna är någonting väldigt centralt, det har någonting med kommunikation att göra, och det är också det tema som jag menade i början. Man ställer en fråga: »Hur går det med det och det?« och man svarar så som pappor eller föräldrar gör, i form av råd: »Hade du inte … Kunde du inte …«, och sedan kommer man inte längre. Då känner man att man inte har nått fram, och man kan inte ens uttrycka sin önskan om att hjälpa och stötta. Man befinner sig på en helt annan kommunikationsnivå, därför att man talar förbi varandra och inte om vad saken gäller. Det rollspel med dialoger som alla kan utantill, eftersom man har spelat alla roller hundratals gånger, är irriterande för alla parter. Det är bara så oerhört svårt att ta sig ur rollen.

JUUL: Det behöver inte vara så svårt. Man kan bara hålla mun.

PAPPA: Det är ju det som är det svåra.

JUUL: Eller så kan man säga sanningen.

PAPPA: Det är ju det jag gör hela tiden.

JUUL: Sanningen om en själv. Man kan säga: »För tio minuter sedan lovade jag mig själv att inte spela pappa, men nu håller jag på att göra det igen.« Och sedan försöker man låta bli det. Man behöver inte vara perfekt som förälder, man måste på något sätt vara en förebild och säga: Det är möjligt med förändring, även för gamla människor.

MAMMA: Det säger jag redan.

JUUL: Det är svårt att kliva ur den rollen. Det vet jag mycket väl, men man kan få mycket hjälp. Om man knackar på dörren till sina barns rum och säger: »Det är någonting jag gärna vill tala med dig om. Kan jag göra det nu? Har du tid? Vill du höra vad det är?« Då kan barnen själva välja, och samtidigt lär man sig av sina erfarenheter: vad blir mottaget? Vad skapar god kontakt? Vad skapar inte god kontakt? Vad är det som gör att det blir fel?

På något sätt har vi en föreställning – inte bara i relation till våra barn, utan också i relation till vår man eller hustru, partner eller sambo – om att vi helt automatiskt har fått en abonnemangsbiljett och tror att vi alltid kan störa, att vi alltid kan säga någonting, alltid erbjuda det ena eller det andra. Och det irriterar alla. Det går inte.

En gång arbetade jag tillsammans med en amerikansk

familj. Mannen i familjen hade ingen aning om hur han skulle uttrycka sig. Till sist blev han så förtvivlad att han sa till sin fru: »Please treat me as a stranger. Var snäll och behandla mig som en främling. Låt bli att överträda mina gränser, jag står inte ut med det.«

Tragedin är ju att de flesta föräldrar har så mycket värdefullt att erbjuda. Men när det sker genom rollspel fungerar det inte. Man tycker inte att man är värd någonting som förälder och man är det inte heller, och som barn känner man sig också på något sätt fel eller ensam.

Det handlar om ett grundläggande behov som finns hos oss alla – från sex månader gamla barn till föräldrar och far- och morföräldrar. Vårt grundläggande behov är att känna oss värdefulla för någon, och det är alltid aktuellt i samband med barn. Vi vill gärna vara värdefulla för barnen, ge dem allt möjligt, och om det inte lyckas kommer de små eller stora aggressionerna fram. Vi blir frustrerade. Man får en umgängeston som innebär att man alltid grälar en liten aning, på ett mer eller mindre civiliserat sätt.

När vi inte längre upplever att vi är mer eller mindre värdefulla uppstår aggressioner eller depressioner. Det känner man rätt tydligt. Det svåra för vuxna är att när vi upplever att vi inte är så värdefulla som vi skulle vilja vara så är det också alltid sant. Och det är naturligtvis inte så roligt. När detta sker behöver vi hjälp. Våra barn kan hjälpa oss till nittionio procent. Man behöver bara fråga: »Försök lyssna på mig. Vad gör jag för fel?« Med lite tålamod får man svar, och sedan kan man lära av *det*.

Vad är det som är så svårt med den förändringen? För det *är* svårt. I grunden handlar det om liv och död för oss föräldrar. De unga har ju tiden framför sig, men för oss är det sista chansen. Och därför är vi ju också så – jag vill inte precis säga dumma, men *trotsiga* är vi alla fall. Om jag gjorde så på mitt jobb skulle det inte dröja länge innan jag inte längre hade något jobb.

Vi föreställer oss att jag arbetar på en reklambyrå och gör annonser, tevereklam och sådana saker, men det kommer inga kunder. Chefen frågar då om vi inte skulle behöva tänka om lite, men jag svarar: »Nej, det här är rätt, så jag fortsätter, och kommer det inga kunder är det kundernas eget fel, inte mitt.« Det är det det handlar om. Det handlar inte om innehållet, det handlar om tonen.

När denna föräldraton, denna besserwisserton sticker upp huvudet, är det ingen som lyssnar. Därför är det viktigt för föräldrar att ta ställning till om de vill spela sina gamla roller med allt färre åskådare eller om de vill bygga upp ett nytt förhållande till sina nästan vuxna barn. Det tror jag att ni vill. Det är ju därför ni har kommit hit.

Det är en bra idé att bli tvungen att lära av barnen. »Hur kan jag gå dig till mötes? Vad är viktigt för mig? Vad är viktigt för dig?« Jag säger inte att man ska acceptera ungdomarnas premisser och bara säga det som passar dem. Men man måste på det ena eller andra sättet etablera ett nytt förhållande. Det finns flera möjligheter. I er familj kan man till exempel säga vid middagsbordet: »Från och med i dag har vi bestämt att vi inte ska prata om skolan vid bordet. Det är svårt för oss. Vi har nästan abstinens.«

Det är verkligen svårt, för vi upptäcker kanske att när vi inte längre talar om skolan, när vi inte uppfostrar, så har vi faktiskt inte så mycket att säga, och denna tystnad, denna stillhet kan vara svår. Men den är viktig i övergångsfasen.

Så var det inte förr. Min mamma spelar fortfarande mamma för mig. När jag var tretton gav jag henne ett trauma. Jag skaffade mig långt hår, och hon kan fortfarande lägga handen på mitt huvud och säga: »Tststs …« Jag är sextioett nu och hon spelar fortfarande mamma. (*Skratt.*) Det är kul, men det är också tragiskt, för förutom det har vi ingen relation. Det är bara plikt alltsammans.

MAMMA: Det är därför jag inte vill att samma sak ska hända mig.

JUUL: Jag har gjort en liten inofficiell undersökning. Tjugofem föräldrapar deltog och vi bandade alla samtal under en hel söndag när de var tillsammans med sina barn, och sedan fick de lyssna på sig själva. De blev chockade. Alla uppfyllde samma statistik: »Femtio procent av det vi säger till våra barn behöver vi inte säga. Eller så menar vi det inte. Det bara kommer ut ur munnen ... så snart ett barn kommer in i bilden låter vi munnen gå. Det är förfärligt, men i runda tal femton procent av fallen säger vi precis det som vi har lovat att aldrig säga till våra barn, för just det sa vår pappa och mamma också, och det gjorde ont. Och nu hör vi att vi säger exakt detsamma till våra barn.«

Jag kommer inte att gå igenom alltihop, men det var också så att föräldrarna till mellan femton och arton procent hörde sig själva och sa: »Ja, en sådan mamma skulle jag vilja vara, inte bara arton, utan hundra procent av tiden.«

Denna återkoppling, denna möjlighet att ändra på det, får vi från våra barn. Om de inte längre lyssnar, eller om varje ord eller mening utlöser gräl, betyder det: »Var snälla och dra er tillbaka, ni båda – vi vill gärna äta tillsammans med er, men vi orkar inte höra på när ni talar på det där sättet.« Men så kan ju de flesta tonåringar inte säga och inte heller de flesta vuxna.

Därför tillbaka till middagsbordet: På marknaden finns två föräldrar som försöker sälja sina varor. Det finns inga kunder, vilket betyder att man måste ändra på någonting. Enligt min mening innebär inte det att man som förälder ska ge upp –

att barnen inte längre behöver en. Så är det väldigt sällan. Det är också viktigt att säga att det ni har är värdefullt och nödvändigt. Men det måste komma ut i en annan form, så att barnen kan få näring från det. Just nu vill de inte ens smaka på det. Okej, det var en liten föreläsning. Hur ser ni på det jag sagt?

MAMMA: Alltihop låter så rätt och jag hoppas jag kan omsätta det i praktiken.

JUUL: Rätt är inte alltid rätt. Jag skulle vilja att det var inspirerande och användbart. Sedan vill jag gärna arbeta vidare med det. Min son var sjutton när han flyttade hemifrån för att börja studera, och jag kände verkligen att jag då fick tillgång till åttiofem procent av mitt medvetande. Jag hade inte tänkt på det tidigare, jag var alltid pappa, det var en underbar upplevelse.

Men det fanns också stunder av typen: »Gode Gud, vad ska jag nu göra med mitt liv, min identitet, vad ska vi göra med varandra?« När föräldrar befinner sig i den konflikten, i det dilemmat, säger unga människor överallt i Europa detsamma: »Get a life! Var inte bara pappa eller mamma. Jag behöver dig, men på ett annat sätt.« (*Till pappan*): Hur ser det ut för dig, är det möjligt?

PAPPA: Den ömma punkten är ju de roller man successivt har fått. Man har lärt sig sin roll under många år, och nu måste man lära sig en ny. I den konkreta situationen – bland annat när man sitter tillsammans vid matbordet – måste man förändra sig. Det tar säkert lite tid att lämna den gamla rollen.

JUUL: Hur lång tid tror du att du behöver?

PAPPA: Har ingen aning, det får man se. Det kommer säkert att ta lite tid. Jag förstår precis vad det handlar om, och det här rollspelet irriterar mig verkligen. Jag vet mycket väl att jag säger saker och ting som jag har hört min far säga och som jag har svurit på att aldrig säga till mina barn. Om man har haft den rollen som pappa som du just har beskrivit i tio till femton år, och som man har övat in och byggt upp, måste man inte bara lära sig en ny roll i förhållande till sina barn, man måste också släppa taget, och det är inte lätt.

JUUL: Man kan underlätta den här inlärningsprocessen, men då behöver man också säga sanningen varje dag, och det är inte heller så lätt. Man kan sätta sig till bords i den bestämda föresatsen att inte tala som förut, men man gör det i alla fall. Då kan man se sina barn i ögonen och säga: »Förlåt, nu har jag gjort det igen. Nu håller jag tyst.« Och det hjälper. Nu är er son dessvärre inte här, men han kan ju titta på dvd:n efteråt. Det hjälper att säga till sina barn: »Jag har min åsikt, jag har en idé, jag har ett förslag, jag har funderat på någonting. Vill du höra vad det är?« Och om barnen säger ja, men ändå plötsligt inte längre lyssnar, fråga då: »Vad har jag gjort för fel? Jag vet att det jag har att säga är guld värt, men på något sätt gör jag fel när jag försöker förmedla det.« Det betyder att man inte nödvändigtvis kan ge sina barn vad de behöver just då, men att det är väldigt viktigt att vara en god förebild. Man kan som förälder ge sina barn mycket under de kommande åren, men mer som exempel än som lärare.

Återkoppling från den deltagande familjen fyra veckor senare

MAMMA: Denna helg har präglat vårt familjeliv för alltid, trots att vår son inte var med (han har fått allt berättat för sig efteråt). Jag har genom samtalen förstått att jag inte är tillräckligt bra på att lämna ifrån mig ansvaret och att jag vill ha alldeles för mycket inflytande. Vardagen har faktiskt blivit mer harmonisk, framför allt har min återhållsamhet uppenbarligen haft ett gott inflytande på min son. Han har *vuxit* lite under veckorna efter seminariet. Och jag har fått mer tid för mig själv ... Vi är glada för att vi fick vara med och vi tackar dig och alla assistenter för den här helgen.

Familj 9
Skola och eget ansvar

Närvarande: mamma, dotter (15)

MAMMA: Egentligen är allt redan sagt. För oss blir det i själva verket bara en upprepning av hur vi har det hemma hos oss. Vi har problem både i skolan och hemma. Det börjar med att det är svårt att få upp min dotter på morgonen. Hon saknar helt enkelt motivation, och detta återkommer under hela dagen med ständiga uppmaningar: »Vill du vara snäll att ...«

JUUL: Har det alltid varit svårt för dig?

DOTTER: Att gå upp?

JUUL: Nej, att gå till skolan.

DOTTER: Jag tycker egentligen att skolan är rätt okej, men att läsa läxor är liksom inte min grej. Men det gillar väl ingen.

JUUL: Hur gammal är du nu?

DOTTER: Femton.

JUUL: Och dina föräldrar eller din mamma måste jobba hårt varje dag för att du ska komma till skolan?

DOTTER: Ja, hon gör ju det.

JUUL: Behövs det eller är det så du vill ha det?

DOTTER: Nej.

MAMMA: (*Lyfter frågande på ögonbrynen.*)

JUUL: Vill du försöka hjälpa din mamma? Alltså, säga någonting om din skolgång och dessa ständiga konflikter så att din mamma vet vem du är?

DOTTER: Det är svårt. Jag vill sköta min skola själv, jag vill ta ansvar för den själv och jag vill inte att mina föräldrar alltid ska påminna mig och kontrollera mig.

JUUL: Men?

DOTTER: Det går bara inte. Jag kan säga hur många gånger som helst att jag hellre gör det själv.

JUUL: Och?

MAMMA: Alltså, vi har redan försökt låta henne sköta det själv. Men resultatet är bara att det kommer brev från skolan om att hon inte har gjort sina hemuppgifter, att hon inte gör någonting. Hur ska man reagera då?

JUUL: Ja, det är den stora tiotusenkronorsfrågan. Hur ska man klara det? (*Skratt.*) Men man kan se på sig själv och sin dotter och säga: »Vi försöker hjälpa till på det och det sättet« och sedan se om det hjälper. Det är ju det som är avgörande – om det hjälper.

MAMMA: Vi har också försökt tala med henne om att överta ansvaret. Men det är som om hon inte har krafter nog att ta hand om det.

JUUL: Det var inte min fråga. Det du gör för att hjälpa din dotter med skolan, hjälper det?

MAMMA: Hittills inte.

JUUL: Okej. Är det helt omöjligt att föreställa sig att du slutar upp med det?

MAMMA: Jag måste väl det, men det känns väldigt svårt.

JUUL: Det tror jag också. Men det är nödvändigt, för om man alltid gör det som är fel förlorar man sin kreativitet. Då kommer man inte på några nya idéer och man ser inga nya möjligheter, och då blir det ett familjeproblem. Er dotter säger: »Jag försöker och försöker, men jag klarar inte av det.« Det är förödmjukande för alla. Men kanske kan du i en eller två meningar, högst tre, säga till din dotter vad du skulle vilja att hon gjorde i dag och i morgon: »Jag vill det och det och det.«

MAMMA: Som alla föräldrar vill jag naturligtvis bara hennes bästa. Jag vill att hon ska klara sig, att hon hittar sin egen väg i livet och att hon blir glad och lycklig.

JUUL: Allt det där är känslor. Vad vill du att hon ska göra? Vad önskar du av henne?

MAMMA: Jag skulle vilja att hon sätter sig ner och ägnar sig lite åt sitt skolarbete.

JUUL: Okej.

MAMMA: Jag ser bara att tiden går och bara slösas bort.

JUUL: Kan du föreställa dig att du går till bagaren och säger: »Jag skulle vilja ha några goda bullar, men det har ni ju inte.« Det är på det sättet du uttrycker det.

MAMMA: Hm.

JUUL: Bagaren (*pekar på dottern*) är artig och säger inte: »Då får du gå till en annan bagare.« Jag tror att det är viktigt att väldigt konkret säga vad man vill. Till exempel: »Jag skulle vilja att du går upp på morgonen, att du går till skolan varje dag och att du gör dina läxor.« Väldigt konkreta saker.

MAMMA: Ja, det är ju det jag skulle vilja.

JUUL: Alltihop. (*Till dottern*): Kan din mamma göra det?

DOTTER: Teoretiskt sett, ja.

JUUL: Jag är inte så intresserad av det teoretiska.

DOTTER: Jag skulle bli glad om jag kunde få göra det på egen hand.

JUUL: Ja eller nej?

DOTTER: Ja.

JUUL: Men jag tror det kommer ett: Ja, men …

DOTTER: Ja, men jag skulle vilja ha mer utrymme när det gäller skolan. Att jag får sköta den själv.

JUUL: Det rätta svaret är: »Mamma, jag kan inte gå med på de villkoren.« Stämmer det?

DOTTER: Precis.

JUUL (TILL MAMMAN): Vad tänker du nu?

MAMMA: Det verkar som om jag alltid är på henne när det gäller skolan …

JUUL: Du har frågat och du har fått ett svar. Vad säger du om svaret?

MAMMA: Det jag just skulle säga var att man får intrycket av att jag alltid är på henne. Men det är jag bara om jag har sett det en längre tid och det inte har hänt någonting. Då börjar jag naturligtvis få panik.

JUUL: Betyder det att du kan säga till din dotter: »Jag känner mig panikslagen, kan du hjälpa mig?«

MAMMA: Jag uttrycker mig inte på det sättet, men hon märker det. Det är för ont om tid, vi hinner inte längre. Jag förstår mycket väl att hon är utmattad när hon kommer hem från skolan och behöver koppla av. Då tittar hon på teve, men det hjälper inte, för teven ger ingen ro, den bara håller på och håller på oavbrutet och hon blir tvungen att stänga av. Och det vill hon inte, och så går tiden. På kvällen kommer hennes pappa hem och då börjar grälet.

DOTTER: Men innan pappa kommer hem har jag suttit länge och läst läxorna. Jag kommer hem från skolan klockan två, och klockan tre – senast fyra – går jag ner och gör läxorna. I tisdags gick jag ner klockan fyra, men då kom jag hem först klockan tre från skolan, och jag behöver en timmes paus när jag kommer hem. Sedan går jag ner och kommer upp igen klockan åtta. Då är jag klar med läxorna och behöver en paus igen. Om ni inte hela tiden sa åt mig att jag ska gå ner och göra läxorna skulle jag göra det av mig själv, men när finns det en sekund när ni inte säger det, så att jag får en chans att gå ner av mig själv?

JUUL (TILL MAMMAN): Kan du tänka högt en stund?

MAMMA: Vi har olika syn på det här. Min dotter ser det på ett annat sätt än jag.

JUUL: Det är inte så konstigt. Så är det med människor. Det existerar ingen sanning.

MAMMA: Men då måste vi ju komma fram till en kompromiss.

JUUL: Nej! Det är för sent. Antingen får er dotter det fulla ansvaret för sin skolgång eller också får hon det inte. Sedan är det slut med kontroller, slut med kommentarer om skolan i ett år eller minst sex månader. Då är det totalförbud. För det är oklart vem som egentligen har ansvaret. Er dotter säger: »Jag kan, det tror jag i alla fall. Jag har aldrig försökt, men jag kan ta ansvar och jag tror att jag kommer att lyckas med det.« Och vi har en mamma som säger: »Jag saknar förtroende för dig, jag behåller ansvaret, men jag har ännu inte haft någon framgång med det.« Hm?

MAMMA: (*Nickar lätt.*)

JUUL: Men det betyder ju att ni som föräldrar inte är trovärdiga. Er dotter kan inte med ro i sinnet säga: »Nu överlämnar jag hela ansvaret till mina föräldrar, för de vet ju bäst, och när de har ett projekt lyckas de alltid med det.« I många familjer finns en hyperaktivitet hos föräldrarna och en underaktivitet hos barnen. Och ju tydligare denna underaktivitet blir, desto mer hyperaktiva blir föräldrarna och alla andra vuxna. De vuxna lyckas aldrig! Det finns ingen vuxen som någonsin har lyckats med en sådan strategi.

Problemet för er föräldrar är naturligtvis att er dotter säger: »Jag klarar det ensam, men jag kan inte bevisa det.« Som förälder vill man naturligtvis gärna ha bevis. Om ens upplevelse är: »Jag har så många dåliga erfarenheter när jag måste ta mitt ansvar som mamma«, så vill man naturligtvis åtminstone ha några bevis för att det går bra i skolan när er dotter ska klara det på egen hand.

Det är dessvärre helt omöjligt! För det handlar inte om förhållandet mellan er dotter och skolan. Det handlar om förhållandet mellan er dotter och er som föräldrar. Här måste föräldrarna ta ledningen och säga: »Nu ändrar vi på hur vi förhåller oss till dig och hoppas att det finns en möjlighet att du kan ändra på hur du förhåller dig till skolan.« Initiativet måste komma från föräldrarna.

Om man känner sig väldigt otrygg kan man säga: »Nu får du ta ansvar för din skolgång, varsågod. Men jag vill att vi talar om det igen om ett år. Jag kan föreställa mig att jag tar tillbaka ansvaret om jag ser att du inte har lyckats med det.« Det är den enda försäkring som finns. Om man lämnar över ansvaret till barnen framkallar det en hel del oro hos föräldrarna.

MAMMA: Naturligtvis.

JUUL: Denna oro kan våra barn inte ta ifrån oss. Den måste vi vuxna lära oss att hantera så att den inte påverkar våra barns skolgång. Det är inte lätt, och för många är det till och med väldigt svårt. Men om man verkligen har förbrukat sina egna möjligheter kan man säga: »Jag har arbetat mycket, jag fick inte det resultat jag ville ha, så nu slutar jag. Nu får du överta ansvaret för din skolgång. Du kan få hjälp, du kan komma om fjorton dagar, om tre månader, om ett halvår, och säga att du inte klarar det, att du vill att jag tar tillbaka ansvaret.« Men det är viktigt att det inte råder några tvivel om var ansvaret ligger, och just nu ligger det hos mamma.

MAMMA: Det tror jag inte egentligen. Jag har lämnat ifrån mig ansvaret.

JUUL: Nej, det har du inte.

MAMMA: Jag inbillar mig det åtminstone.

JUUL: Just det.

MAMMA: Ett exempel: Min dotter ska läsa en bok. Det visste hon redan för två, tre månader sedan, och nu ska hon ha förhör på den i nästa vecka. Jag frågade henne i dag, och hon har inte läst boken, och på tisdag kommer uppgiften på den. Det hinner hon absolut inte. Men jag har låtit henne vara ifred.

DOTTER: Vi fick reda på att vi skulle läsa den för ett halvår sen. Jag har lästa halva boken, och för tre dagar sedan fick vi veta att vi skulle ha förhör på tisdag. Jag läser färdigt den i eftermiddag, den är inte särskilt tjock.

MAMMA: Men du har andra saker till på måndag. Alltså, *jag* skulle inte klara av det.

JUUL: Och du känner dig inte ansvarig? (*Skratt.*) Med så mycket ansvarskänsla borde du tjäna minst en miljon euro om året. Hör du själv hur du låter?

MAMMA: Ja.

JUUL: Du har det fulla ansvaret. Det är bara en formsak när du säger till din dotter: »Nu är det du som har ansvaret.« För du säger också: »Jag finns i bakgrunden, och jag vet allt, och när jag kontrollerar kommer jag i framtiden att åtminstone försöka göra det på ett snällt sätt.« Men kontroll är och förblir kontroll.

MAMMA: Hm.

JUUL: Ansvaret för skolan ligger här på bordet mitt emellan er. Ni utkämpar var och en för sig en omöjlig kamp, och under tiden går det dåligt i skolan.

MAMMA: Jag menar att om jag överlämnar hela ansvaret till min dotter så går det ännu mer utför. Betygen är i det närmaste katastrofala, och det behövs ju inte mycket fantasi för ...

JUUL: Mot detta står mitt påstående: Om du fortsätter på det här sättet kommer det att gå utför omedelbart. Utan tvivel. Mer kan jag egentligen inte säga. Om du kommer till mig och frågar: »Hur kan jag överlåta ansvaret till min dotter?«, då kan jag hjälpa dig. Men dessförinnan måste du gå igenom följande process: »Vill jag verkligen detta eller vill jag det inte? Är jag för rädd? Är det för viktigt?« För en sak är ju ansvaret för skolgången, en annan är det generella föräldraansvaret. »I hur hög grad är jag ansvarig för mina barns öde?« Det måste föräldrarna bestämma själva. Det kan inte folk som jag göra.

Jag kan bara säga: Jag känner stor tillit till er dotter. Jag tror att hon kan överta ansvaret. Jag tror aldrig att hon kommer att klara sig så bra i skolan som hennes föräldrar skulle vilja. Men det ska nog gå. Hon skulle egentligen vilja göra någonting annat, men hon håller ut med tanke på sin framtid, och för sina föräldrars skull, bland annat. Det blir utan glädje och utan ambition att få toppbetyg. Den möjligheten har försvunnit för länge sedan, varför vet jag inte. Jag tror inte att det har någonting med hennes föräldrar att göra, det har snarare att göra med ett olyckligt förhållande mellan skola och elev, och det är naturligtvis även skolans ansvar. (*Till mamman*): Hur ser det ut inuti ditt huvud? Behöver du tänka på saken?

MAMMA: Jag förstår vad du säger. Det är ändå svårt att begripa. Men om det hjälper vill jag göra allt jag kan för att förändra det.

JUUL: Jag kan ge dig ett par tips. Det är egentligen omöjligt att lämna *tillbaka* ett ansvar, för man kan ju aldrig överta det personliga ansvaret för en annan människa. Mellan äkta makar förekommer ett gammalt spel: »Jag är olycklig och det är ditt fel!« Det är likadant med traditionell uppfostran. Som föräldrar har vi övertagit det personliga ansvaret för våra barn.

Några exempel: Är du hungrig? Är du mätt? När ska du sova? Hur ser ditt hår ut? Vad har du för vänner? Och så vidare. Sedan förväntar vi oss konstigt nog att barnen när de blir tolv, tretton år tar över allt själva. Det är helt galet, de har ju aldrig fått någon chans att träna på det. De har fått allt serverat. Men ändå förväntar vi oss det.

Vi måste som föräldrar veta att *vi* har förhållit oss på det eller det sättet och att det är *vi* som är ansvariga för det. Och så heter det i det här fallet: »Kära dotter, jag har nu i tio års tid försökt överta ansvaret för din skola och din utbildning. Det har inte fungerat så bra.« Det är en viktig mening den där: »Det har inte fungerat så bra.« (I stället för: »Du är omöjlig.«) »Därför ger jag nu tillbaka ansvaret till dig och jag hoppas det kommer att fungera bättre på det sättet.« Nu kommer det svåra: Vad gör jag med min hyperaktivitet, för den finns ju fortfarande kvar, och vad gör jag med mina antenner, mina tankar och så vidare?

Man får plåga sin man under en period, eller andra vuxna – inte barnen. Det vi glömmer är att våra barn från det ögonblick de föds känner sig ansvariga för våra liv, för om vi är glada och lyckliga. Och om vi inte är det blir de, som till exempel er dotter, väldigt trötta och all energi försvinner. Energimängden i er familj kan fördelas på ett mycket mer konstruktivt sätt. Det betyder att mamma i det här fallet själv måste överta initiativet – utan säkerhetsnät. Om vi målar upp ett skräckscenario innebär det att er dotter någon gång i framtiden kommer att bli oerhört olycklig.

Hon har många planer, men hon kan inte använda dem till någonting, eftersom hon varje gång står framför en stängd dörr på grund av att det inte går tillräckligt bra i skolan– så hon behöver inte en mamma och en pappa som säger: »Det var ju det vi sa.« I sådana fall håller sig barnen långt borta. Detta är avgörande för framtiden och för er inbördes relation. Men jag är glad att du funderar så mycket på det. För det *är* svårt att lämna tillbaka ansvaret. Om man genast säger: »Ja, ja, jag gör det bara«, tänker jag så här: Hon har inte riktigt förstått det. Men det är det bästa du kan göra för din dotter, för hennes skolgång och för dig själv. För det har varit väldigt ansträngande för dig.

MAMMA: Ja.

JUUL (TILL DOTTERN): Vad säger du?

DOTTER: Jag tycker det låter bra, men jag tror det blir svårt.

JUUL: Ja, naturligtvis. Men vill du ha ansvaret eller vill du helst slippa?

DOTTER: Jag vill absolut ha ansvaret.

MAMMA: Jag kommer verkligen att lägga band på mig själv.

JUUL: Band räcker inte. Förändra! Det är det svåra. Tack.

MAMMA: Tack själv.

Återkoppling från den deltagande familjen tre veckor senare

MAMMA: Det är nu tre veckor sedan vi deltog i seminariet. Vår dotter och jag pratar ofta om det. Vi tycker att seminariet var väldigt intressant. Det problem vi redde ut då var vår dotters brist på motivation för skolarbetet och sina plikter. Jag delar Jesper Juuls tankar rent teoretiskt, men jag har fortfarande svårt med dem i vardagen. Efter seminariet har vår dotter bestämt avvisat varje form av stöd och kontroll när det gäller hennes läxor. Hon motiverar det med att hon vill ta på sig ansvaret själv. Det har vi respekterat, men vi har dessvärre kunnat konstatera att hon endast sporadiskt har tagit på sig detta ansvar. Det har kommit klagomål från skolan om hemuppgifter som inte är gjorda och betygen har blivit sämre.

Efter ett klarläggande samtal med henne har vi enats om att hon gärna kan få hjälp av oss, men att initiativet måste komma från henne själv. Vi är på väg att hitta en medelväg, så att hon mer och mer självständigt och med eget ansvar kan göra sina uppgifter. Vi har fattat nytt mod och har redan nått en viss framgång.

Det var en trevlig stämning under seminariet och allt runtomkring var också bra. Vi blev angenämt överraskade över öppenheten och samarbetsviljan, framför allt från tonåringarnas sida. Det gjorde oss gott att se att vi inte är ensamma om våra problem. Det har gett oss nytt mod. Jag saknade dock i viss mån en uppmaning till tonåringarna om att också göra sitt bästa för att familjelivet ska bli harmoniskt. Synd att tonåringarna inte fick mer tid att prata och lära känna varandra.

Familj 10

Hur ska vi umgås med varandra?

Närvarande: mamma, hennes två söner sitter i publiken och lyssnar, pappan dog för ett halvår sedan

MAMMA: Jag är här för att jag bekymrar mig så mycket för hur jag ska umgås med min nittonårige son som fortfarande bor hemma. Jag har å ena sidan lämnat ifrån mig mycket, och det är verkligen befriande att inte behöva känna att jag har hela ansvaret. Å andra sidan kan jag mycket väl se att det inte går så bra för honom, att han faktiskt behöver hjälp, men jag kan inte ge honom den hjälpen.

Han bor hemma för närvarande, han hoppade av skolan strax före avslutningen och drar bara omkring. Det var svårt för mig först. Jag har försökt pressa honom genom att säga: »Du får gärna bo här, men du måste ta din studentexamen eller gå någon annan utbildning.« Efter det sa jag: »Du behöver inte gå någon utbildning, bara du börjar jobba eller gör någonting annat – kanske ett år som volontär med något socialt arbete.«

Det har han inte klarat av ännu. Jag har pressat honom att ta ett jobb som han sedan har lämnat. Jag ser också att han inte är motvillig eller lat, utan blockerad. Han vill inte göra mig besviken heller. Han tycker inte att det är bra, och det hämmar honom ännu mer ... att han har gjort oss och mig – min man dog förra året – så besvikna.

Jag anser att han behöver hjälp utifrån. Han kontaktade en terapeut som han sedan gick hos men han avslutade inte behandlingen. För inte så länge sedan sa han själv: »Jag tror aldrig att jag i hela mitt liv har gjort någonting färdigt«, och det är också lite av hans tema.

Därför frågar jag nu: »Hur hanterar jag det här?« Jag försöker släppa taget, för jag mår bra av att kunna koncentrera mig på mitt eget. Jag har också andra saker att ta hand om. Å andra sidan bor vi ju tillsammans, så jag konfronteras hela tiden med problemet. Och det betyder att min inre mamma sticker fram huvudet och säger någonting dumt.

Nu får jag också höra det från andra, släktingar och vänner: »Du måste kasta ut honom. Han har det för bra hemma. Så länge han är så beskyddad och inte känner vad det innebär att ta ansvar för sig själv kommer ingenting att förändras.« Jag förstår detta inom mig, men jag är inte säker på att det verkligen är det rätta och om det verkligen skulle hjälpa honom.

Dessutom har jag fått det sämre ekonomiskt genom att min son inte går i skolan. Jag får inget ekonomiskt stöd och min son bidrar inte.

Jag menar inte att det handlar om det ekonomiska, men det irriterar mig ändå på något sätt, och jag tycker att det är orättvist och anser att min son ska bidra ekonomiskt. Det gjorde han också i början. Strax efter min mans död övertog han rollen som hemmaman och lagade mat. Det var bra, men han har blivit latare, och jag törs inte riktigt lita på att han vill eller orkar längre. Även i ett äktenskap förväntar man sig ju att alla ska bidra.

Jag har trott att jag bara behövde ge honom tid, och det har jag också gjort. Frågan är bara: Hur mycket? Min fråga är: Hur stor del har jag i det tillstånd han nu befinner sig i, då han inte företar sig någonting utan bara står vid sidan om? Är det inte min uppgift att konfrontera honom med verkligheten? För om *jag* inte gör det, vem ska då göra det?

JUUL: Det sista kan jag svara på. Din son konfronteras med verkligheten varje dag, det behöver du inte fundera på. När det gäller din första fråga finns det många idéer och teorier. Jag tror att det du har gjort hittills har varit väldigt förnuftigt. Alltså, att du inte har bestämt dig för en viss strategi. För strategier hör ihop med krig och reklam. Men här handlar det om *dina* gränser: Vad kan du leva med och vad kan du inte leva med?

MAMMA: Ja, det är svårt. Jag har ställt den frågan till mig själv också. Å ena sidan är det förnuftet och ens fasta föreställningar, att det ska vara på det eller det sättet. Å andra sidan en känsla av att jag i grund och botten inte tycker om det.

JUUL: När jag hör den här typen av historier kommer jag alltid att tänka på en av den här världens största konstnärer, den numera avlidne skådespelaren Danny Kaye. Han berättade en gång en fantastisk historia: Han var den yngste i en judisk bankirfamilj i New York. Varje söndag träffades alla på middag: far- och morföräldrar, farbröder och morbröder, och talade om sina barn. »Min son är på Harvard, min son är där och där, min son tjänar si och så mycket …« Och de frågade: »Hur går det för Danny?« Och fadern svarade: »Uselt, han gör ingenting, han sover till klockan två på eftermiddagen, och på nätterna är han på de små teatrarna på Off-Broadway.« Alla i familjen skällde ut pappan och sa till honom: »Du måste gör någonting åt det!« Och varje söndag svarade pappan: »Ja, jag måste väl det.«

Det han gjorde var att han lade fem dollar under Dannys huvudkudde varje morgon innan han gick till banken. Det var det enda stöd hans pappa i hemlighet kunde ge sin son, för han måste hålla god min i elakt spel. Det räddade inte bara Danny Kayes liv, utan gav oss också en lysande konstnär. Alltså, vad är rätt, vad är fel? Jag vet inte. Jag vet bara att vi som föräldrar måste sluta upp med våra rollspel. Vi är fortfarande viktiga som sparringpartners, vi är fortfarande viktiga förebilder och modeller för våra barn.

Man ska inte offra sina gränser, sina egna värderingar, sina känslor, för sina barn. Man ska inte bygga upp ett förhållande eller ha det så att man säger: »Jag mår inte bra när jag är tillsammans med dig. Det känns väldigt jobbigt för mig, men eftersom jag älskar dig accepterar jag det.« Det tror jag är fruktansvärt för bägge parter och för relationen. Men om man känner: »Det är egentligen okej för mig, jag mår bra«, så kan man gå vidare och förändra det som kan förändras. Men sådana idéer som dina släktingar har ger jag inte mycket för. Det handlar alltid om en eller annan form av manipulation: Jag förhåller mig på ett visst sätt eftersom jag i själva verket vill att *du* förändrar dig. Och det håller inte i en relation som er. Aldrig.

MAMMA: Det vet jag mycket väl.

JUUL: Du kan fråga dig själv som mamma: Kan jag föreställa mig att jag om fem år säger till min son: »Nu har jag offrat si och så mycket för din skull, nu är du skyldig mig si och så mycket.« (*Visar en halv meter med händerna.*) Om det finns en risk för det så måste man sluta! Det måste inte nödvändigtvis vara en balans mellan att ge och att ta emot. Men hur mycket kan jag ge min son, min dotter, min fru, av gott hjärta, utan att det finns en prislapp på det? Det är viktigt, ingenting annat duger.

Jag känner ju inte din son, men för mig låter det som om

han befinner sig i ett slags existentiell kris, och den kan pågå länge. För vuxna (alltså »riktigt« vuxna) finns helt andra normer. Om en kvinna som du eller en man som jag skulle hamna i en liknande situation skulle läkaren eller terapeuten säga: »Du behöver vara sjukskriven. Du behöver minst ett halvår då du bara tänker på dig själv«.

Men när det handlar om unga människor så tror vi att vi absolut måste sätta press på dem. Det är ju konstigt, för de är ju lika mycket riktiga människor som vi. Hemma hos oss tjänar jag mer än min fru, och jag kan föreställa mig att jag skulle hamna i en sådan kris att mitt arbete inte längre var meningsfullt för mig: »Jag är sextioett, jag vet inte vad jag ska göra, men jag klarar inte av att arbeta.« Och jag försöker då föreställa mig att min fru varje morgon skulle komma och säga: »Det här går inte, du kan inte bo här om du inte bidrar.«

Sådant kan man bara tillåta sig om man verkligen tror att den det rör sig om *bara* är lat. Men jag skulle dessutom vilja säga att jag i hela mitt liv aldrig har träffat en ung människa som bara har varit lat. Vuxna ja, men inte ungdomar. Det som du har gjort de senaste månaderna – tänkt igenom det hela, känt efter, röjt upp lite i ditt huvud – det hjälper. För allesammans har vi ju våra »goda« (eller kanske snarare dåliga) principer. Eller så får vi andras förslag i huvudet, och det är inte så mycket värt enligt min mening.

Föräldrar har väldigt olika gränser. Det är föräldrarna som kan ge sina barn allt med gott hjärta, och varför skulle de inte göra det? Det finns andra som säger: »Nej, jag kan ge si och så mycket och inte mer.« Och blir det tal om något slags köpslående blir det väldigt fel: »Jag har gjort si och så mycket för dig. Nu måste du göra det och det för mig«, eller »Du är skyldig mig ...« Jag vet inte om det är svårare för kvinnor, men jag tror i varje fall att de flesta kvinnor tänker mycket mer differentierat när det gäller det här, i synnerhet som kvinna och mor: Vad säger mitt hjärta till mig? När menar jag det verkligen? Eller när är jag bara sentimental mot min »bebis«? Om det börjar bli så är det inte bra.

Men att man bor tillsammans med sin son eller vän under sådana omständigheter – det är väl det man har sin familj till.

MAMMA: Ja, det handlar om förutsättningslös kärlek.

JUUL: Nej, den förutsättningslösa kärleken finns ju redan, det handlar inte om det. Det handlar om: När kan jag visa min kärlek i mitt uppträdande på ett sätt som är bra för dig, som är relevant och fruktbart och inte ödeläggande för mig, samtidigt som jag inte överskrider mina egna gränser. Jag kan kompromissa, men jag kan inte kompromettera mig – det är skillnaden.

Du är ju en erfaren kvinna, du känner redan till problematiken. Det man alltid måste göra klart för sig är: Hur mycket kan jag ge med gott hjärta, förutsättningslöst. Förutsättningslöst betyder: »Jag kan ge dig det och det, och det måste du inte betala för. Jag kan ge dig tak över huvudet och någonting att äta, men jag känner att om jag också måste ge dig pengar så blir det för mycket.«

MAMMA: Ja, så har jag gjort också.

JUUL: Det är en läroprocess, och den ska vi också ta med i beräkningen: Vad man som mamma, som människa, kan lära sig av situationen. Vill jag genomgå en läroprocess eller vill jag ha en lösning? Jag kan få en lösning, men då lär jag mig ingenting. (*Mamma*: Det stämmer.) Din son kan fortfarande bidra till sin mammas livskvalitet.